## 编委会

**主　　任**　徐华东　徐长玉

**编　　委**　李家政　赵文朝　冯光文　刘少玲　徐明梅　王忠林
　　　　　　王志臣　龚秋水　隗振勤　李图滨　李　涛　王嘉振
　　　　　　卞升云　刘　堃　苏本宽

## 编写组

**丛书主编**　刘　堃　方　辉

**本册主编**　武先玲

**本册副主编**　李玉华　朱晓燕　张新颜

**本册编写人员**　亢　文　张相庆　王菡婕　张　婷　张　帅
　　　　　　　　张梅荣　朱笑媛　刘亚男　董阳岭

# 序

　　培育和践行社会主义核心价值观，是推进中国特色社会主义伟大事业、实现中华民族伟大复兴中国梦的战略任务，是凝魂聚气、强基固本的基础工程。青少年是祖国的未来、民族的希望，青少年正处于世界观、人生观和价值观形成的关键时期，培育和践行社会主义核心价值观，必须从小抓起，从武装青少年的头脑、滋养青少年的心灵抓起。2014年2月24日，习近平总书记在主持中共中央政治局第十三次集体学习时强调，培育和践行社会主义核心价值观，要从娃娃抓起、从学校抓起，做到进教材、进课堂、进头脑。2014年"五四"青年节，习近平总书记在北大校园考察讲话中指出，青年的价值取向决定了未来整个社会的价值取向，而青年又处在价值观形成和确立的时期，抓好这一时期的价值观养成十分重要。他还用形象而生动的比喻勉励青年学子："人生的扣子从一开始就要扣好。"2014年"六一"国际儿童节前夕，习近平总书记在北京海淀区民族小学主持召开座谈会时发表重要讲话，他强调：各方面要共同努力，让社会主义核心价值观的种子在少年儿童中培育起来，在学生们心中生根发芽。按照习近平总书记指示精神把这项立德树人的伟大工程做实做好，既是广大青少年健康成长的客观需要，也是确保我们的事业后继有人，确保我们的国家长治久安、繁荣昌盛的必然选择。

　　引导青少年培育和践行社会主义核心价值观，必须适应青少年身心特点和成长规律，开辟富有贴近性和接地气、对象化的有效途径。近年

青少年社会主义核心价值观读本

# 家住济南府

《家住济南府》编写组 编

山东科学技术出版社
济南市关心下一代工作委员会

图书在版编目（CIP）数据

家住济南府 /《家住济南府》编写组编 . —济南：山东科学技术出版社，2015.4（2020.11重印）

（青少年社会主义核心价值观读本）

ISBN 978-7-5331-7693-8

Ⅰ.①家… Ⅱ.①家… Ⅲ.①济南市 — 概况 — 小学 — 乡土教材 Ⅳ.①G624.451

中国版本图书馆CIP数据核字（2015）第040048号

# 家住济南府
## JIAZHU JINANFU

责任编辑：郑淑娟　光　奎　刘　帆

主管单位：山东出版传媒股份有限公司
出 版 者：山东科学技术出版社
　　　　　地址：济南市市中区英雄山路189号
　　　　　邮编：250002　电话：（0531）82098088
　　　　　网址：www.lkj.com.cn
　　　　　电子邮件：sdkj@sdcbcm.com
发 行 者：山东科学技术出版社
　　　　　地址：济南市市中区英雄山路189号
　　　　　邮编：250002　电话：（0531）82098071
印 刷 者：济南麦奇印务有限公司
　　　　　地址：济南市历城区工业北路72-17号
　　　　　邮编：250101　电话：（0531）88904506

规格：16开（184mm×260mm）
印张：8
版次：2015年4月第1版　2020年11月第2次印刷
定价：20.00元

来，我市各级关工委在青少年中深入开展的"爱党、爱国、爱市、爱家"的"四爱"主题教育实践活动，就是用的这样一种好形式、好路子。它把社会主义核心价值观的基本精神和要求，融入济南的历史文化和现代文明之中，以乡情家风燃旺家国情怀，以家国情怀托举理想信念。为配合"四爱"教育活动的开展，满足青少年学习的需要，市关工委组织一批老教育工作者精心为青少年编写了这套社会主义核心价值观辅助读物。这套由"小学生版"和"中学生版"组成的图书，重点对济南丰厚的历史文化和现代文明成就进行了图文并茂的描绘和展示，以期深化青少年对家乡的认知，激发对家乡和祖国的热爱之情。同时，还荟萃了发生在我市中、小学生身边的感人故事，力图用同龄人的榜样力量激励青少年见贤思齐、奋发向上。这套图书的行文风格也很适合青少年，它摒弃了令人生厌的说教，采用了"谈"和"聊"的平等对话方式，联系核心价值观的内涵，开掘图书内容蕴含的德育资源，引导青少年形成主体认同，自觉构建正确的价值观，进而内化于心、外化于行。

长江后浪推前浪。我们相信当代青少年一定能从小自觉培育和践行社会主义核心价值观，在星星火炬的照耀下，在党的阳光的沐浴下，在中华文化包括济南文化的滋养下，为把祖国和家乡建设得更加美好，实现中华民族伟大复兴的中国梦时刻准备着。

徐华东

2014年10月

# 目录

## 第一单元　山美水美泉城景儿 ............ 1
济南泉水甲天下 ............ 2
泉水传奇动四方 ............ 6
山秀湖翠俏泉城 ............ 16
柳绿荷红舞清风 ............ 33

## 第二单元　乡韵乡情泉城味儿 ............ 39
傍泉而居泉水人家 ............ 39
色香味美泉城小吃 ............ 50
声动泉城曲山艺海 ............ 56

## 第三单元　日新月异泉城范儿 ............ 62
探秘老城区 ............ 62
有趣的街名 ............ 72
泉城靓名片 ............ 81
美好的蓝图 ............ 91

## 第四单元　诚实诚信泉城人儿 ............ 97
胸怀家国的济南名士 ............ 97
勤劳质朴的父老乡亲 ............ 104
小名士传递正能量 ............ 111
小义工担当大责任 ............ 116

# 第一单元　山美水美泉城景儿

我们的家乡济南，简称"济"，是山东省省会，也是山东省的政治、经济、文化、教育、交通中心。因境内泉水众多，被称为"泉城"，素有"四面荷花三面柳，一城山色半城湖"的美誉，是国家历史文化名城。

Hi！我是泉水姑娘泉泉，就让我带领同学们游览泉城，欣赏泉城美景，了解泉城的故事吧！

## 济南泉水甲天下

泉是济南的生命和灵魂,济南素有"泉城""泉都"之美誉。早在宋代,文学家曾巩就评价道:"齐多甘泉,冠于天下。"清洌甘美的泉水从城市地下涌出,形成了以趵突泉为首的"七十二名泉",为济南这座城市增添了无限的风韵,呈现出"家家泉水,户户垂杨"的绮丽风光。

我知道咱们济南有趵突泉、五龙潭、黑虎泉等名泉,但我想了解更多有关泉水的知识,那就让我们跟着泉泉一起走近泉群吧!

 **泉水溯源**

济南泉水具有悠久的历史。《春秋·桓公十八年》有"公会齐侯于泺"的记载,记述的是公元前694年鲁桓公与齐襄公在泺水相会之事。泺水之源,即今之趵突泉。

北魏地理学家郦道元在《水经注·卷八·济水二》中描述道:"泺水出历(城)县故城西南,泉源上奋,水涌若轮……"金代,有人立一方《名泉碑》,列举了济南七十二名泉。此后,便有济南七十二泉之说。

## 济南七十二名泉

| 趵突泉 | 金线泉 | 皇华泉 | 柳絮泉 | 卧牛泉 | 漱玉泉 | 马跑泉 | 无忧泉 |
| 石湾泉 | 湛露泉 | 满井泉 | 登州泉 | 杜康泉 | 望水泉 | 珍珠泉 | 散水泉 |
| 溪亭泉 | 灉泉 | 黑虎泉 | 琵琶泉 | 玛瑙泉 | 白石泉 | 九女泉 | 五龙潭 |
| 古温泉 | 贤清泉 | 天镜泉 | 月牙泉 | 西蜜脂泉 | 官家池 | 回马泉 | 虹溪泉 |
| 玉泉 | 濂泉 | 百脉泉 | 东麻湾 | 墨泉 | 梅花泉 | 濯缨泉 | 玉环泉 |
| 芙蓉泉 | 舜井 | 腾蛟泉 | 双忠泉 | 华泉 | 浆水泉 | 砚池 | 甘露泉 |
| 林汲泉 | 斗母泉 | 无影潭 | 白泉 | 涌泉 | 苦苣泉 | 避暑泉 | 突泉 |
| 泥淤泉 | 大泉 | 圣水泉 | 缎华泉 | 玉河泉 | 西麻湾 | 净明泉 | 袈裟泉 |
| 卓锡泉 | 清泠泉 | 檀抱泉 | 晓露泉 | 洪范池 | 书院泉 | 扈泉 | 日月泉 |

参考文献：《济南名泉名录》

### 凝聚泉水力量 弘扬黄河文化
### 2020敬泉盛典暨第八届济南国际泉水节启动活动举行

来源：舜网（有删改）

金秋送爽，千泉竞流，泉城欢腾。9月6日晚，趵突泉畔，2020敬泉盛典暨第八届济南国际泉水节启动活动举行。本活动由济南市人民政府主导，中共济南市委宣传部、济南市城乡水务局等共同主办。泉水节期间的活动精彩纷呈，比如花车巡游、泉水文化生态产业高峰论坛、泉水音乐节（群艺大舞台）、济南·黄河少年行、2020济南泉·城文化景观学术研讨会、第五届中国鲁菜美食文化节、第七届济南国际定向寻泉赛、咏七十二名泉书法作品展、"民谣济南"征集、路演"泉水之歌""泉动我心"泉水节随手拍活动、济南市第十届全民健身运动会开幕式暨泉水节龙舟赛……与此同时，在市中、历城、平阴、高新、章丘、长清、莱芜七大分会场还将相继

举办"访泉探源"之旅、"情系黄河·亲近泉水"诗歌朗诵会、第四届泉水文化旅游节、"二安"主题系列文化活动等多项丰富多彩的活动,向广大市民和八方游客展示了泉城宜居、宜养、宜游、宜乐的无穷魅力。

同学们,借助泉水节活动,让我们走进济南名泉,探寻泉水文化,发现济南泉水之美吧!

##  泉水地理

泉泉,济南素有"泉城"之美誉,又被中外人士赞誉为"世界泉水之都"。为什么人们对济南会有如此赞誉?

### 泉泉告诉你

济南地区的泉水属于岩溶泉类型。良好的岩溶含水层、完整的地下水汇流和富集系统以及有利的地下水出露条件,这些因素的综合作用,造就了成因类型多样、水量水质俱佳的泉水景观,也赋予济南的山水以鲜活的灵气和迷人的魅力。

同学们可以进一步探究济南泉水的奥秘,并将你的发现告诉家人和朋友,也可以向外地游客进行介绍。

## 山·美·水·美·泉·城·景·儿

 **泉水咏叹**

济南泉水多如繁星，各具风采。或如沸腾的急湍，喷突翻滚；或如倾泻的瀑布，狮吼虎啸；或如串串珍珠，灿烂晶莹；或如古韵悠扬的琴瑟，铿锵有声……历代文人都为之倾倒。唐、宋、元、明、清各代的名人如欧阳修、曾巩、苏辙、赵孟頫（fǔ）、王守仁、李攀龙、王士祯、蒲松龄等，都留下了赞泉的诗文。

**趵突泉**
［宋］曾巩
一派遥从玉水分，暗来都洒历山尘。
滋荣冬茹湿常早，润泽春茶味更真。
已觉路傍行似鉴，最怜沙际涌如轮。
曾成齐鲁封疆会，况托娥英诧世人。

**观珍珠泉**
［清］爱新觉罗·玄烨
一泓清浅漾珠圆，
细浪潆洄小荇牵。
偶与诸臣闲倚槛，
堪同渔藻入诗篇。

我搜集到的描写泉水的诗词：

同学们了解了七十二泉，可以尝试着将七十二泉编成山东快书或校园童谣，在班里传唱吧！

# 泉水传奇动四方

"泉城山水甲齐鲁,济南泉水甲天下。"清洌甘美的泉水是济南市的血脉,赋予这座城市灵秀的气质和旺盛的生命力。同时,济南的城市发展、历史沿革、民风民俗也与泉水密切相关,形成了独特的泉水文化。就让我们一起亲近泉水,了解有关泉水的传奇故事吧。

 **趵突情思**

> 爷爷,我们一起去过趵突泉,它是七十二泉之首呢!

 **泉泉告诉你**

趵突泉位于趵突泉公园内,列济南七十二泉之首。该泉泉水出露标高原为26.49米,最大涌水量16.2万立方米/日。今池长30米,宽18米,深2.2米。周围有观澜亭、泺源堂、来鹤桥、蓬山旧迹坊及历代名人题咏趵突泉诗文碑刻等名胜古迹。1956年,依泉建园称趵突泉公园。

趵突探秘

## 趵突泉的来历

2002年,有专家根据河南安阳出土的甲骨文考证,趵突泉有文字记载的历史,可上溯至我国的商代,长达三千余年。趵突泉是古泺水之源,古时称"泺",早在2600年前的编年史《春秋》上就有"(鲁桓)公会齐侯于泺"的记载。宋代曾巩任齐州知州时,在泉边建"泺源堂",并写了一篇《齐州二堂记》,正式赋予泺水以"趵突泉"的名称。该泉亦有"槛泉""娥英水""温泉""瀑流水""三股水"等名。

趵突泉水分三股,昼夜喷涌,水盛时高达数尺。所谓"趵突",即跳跃奔突之意,反映了趵突泉三窟迸发、喷涌不息的特点。"趵突"不仅字面古雅,而且音义兼顾。"趵突"不仅形容泉水"跳跃"之状、喷腾不息之势,同时又模拟泉水喷涌时"咕嘟""咕嘟"之声,可谓绝妙绝佳。北魏郦道元《水经注》载:"泺水出历(城)县故城西南,泉源上奋,水涌若轮,髻(bì)涌三窟,突出雪涛数尺,声如隐雷。"金代诗人元好问描绘为"且向波间看玉塔"。元代著名画家、诗人赵孟𫖯在《趵突泉》诗中赞道:"泺水发源天下无,平地涌出白玉壶。"清代诗人何绍基喻之为"万斛珠玑尽倒飞"。清代刘鹗《老残游记》载:"三股大泉,从池底冒出,翻上水面有二、三尺高。"《历城县志》中对趵突泉的描绘最为详尽:"平地泉源髻沸,三窟突起,雪涛数尺,声如隐雷,冬夏如一。"著名文学家蒲松龄则认为趵突泉是"海内之名泉第一,齐门之胜地无双"。清代康熙皇帝南游时,曾观赏了趵突泉,兴奋之余题了"激湍"两个大字,并封为"天下第一泉"。

### 泉泉告诉你

关于趵突泉还有一个美丽的传说呢。传说在很久以前，济南城里有个名叫鲍全的青年樵夫，双亲因没钱治病而相继离世。鲍全立志学医，救活了许多老百姓。那时济南没有泉水，遇上旱年，连煎药的水也没有，鲍全每天早起去担水，为那些穷人煎药。一天，鲍全在担水的路上救了一位老者，老者看鲍全一天到晚为穷人治病，忙得连饭也没空吃，就说："泰山上有个黑龙潭，潭里的水，专治瘟疫，能消除百病。"鲍全历尽艰辛，来到泰山黑龙潭，却发现这里原来是龙宫。鲍全从龙王的礼物中挑了一件白玉壶，里面的水永远也喝不完。鲍全回来后，为很多病人治好了病。州官听说后派人来抢夺，鲍全把壶埋在了院子里。公差在院中挖到了白玉壶，却怎么也搬不动，他们一起用力，只听"咕咚"一声，突然从平地下"呼"地窜出一股大水，溅起的水花撒满全城，水珠落在哪里，哪里便出现一眼泉水，从此济南变成了有名的泉城。人们为了纪念鲍全，把这泉叫宝泉，年深日久，人们根据泉水咕嘟咕嘟向外冒的样子，又把它叫成"趵突泉"了。

### 趵突胜境

观澜亭在趵突泉西侧，原为北宋熙宁年间史学家刘诏（官至寺丞）庭院内的建筑物，名"槛泉亭"。明天顺五年（公元1641年），钦差内监韦、吴二人来济，乃于泉旁构亭（另说为巡抚胡缵宗建），名为"观澜"，取《孟子·尽心上》中"观水有术，必观其澜"之意。该亭原为四面长亭，采用半封闭式，形制考究，为历代文人称颂。

 **趵突题咏**

## 趵突泉

〔元〕赵孟頫

泺水发源天下无，平地涌出白玉壶。

谷虚久恐元气泄，岁旱不愁东海枯。

云雾润蒸华不（fū）注，波澜声震大明湖。

时来泉上濯尘土，冰雪满怀清性孤。

【今译】

泺水之源在此，可谓天下皆无，

平地涌出波涛，就如白玉之壶。

虚谷长久喷涌，担心元气泄尽，

即使大旱年景，不怕东海干枯。

云雾蒸腾而去，滋润着华不注，

波澜声声而起，震撼了大明湖。

时时来到泉上，濯洗满身尘土，

仿佛冰雪满怀，使人性情脱俗。

【注】

"泺水发源天下无"：元代人认为，趵突泉是泺水的发源地。

"谷虚久恐元气泄"：元代人认为，趵突泉水是从地下的虚谷中涌出的。

"岁旱不愁东海枯"：元代人认为，趵突泉水直通东海，亦即趵突泉水是从东海而来。

"云雾润蒸华不注"："华不注"即今俗称之"华山"。

 **趵突情思**

## 趵突泉的欣赏

老舍

千佛山、大明湖和趵突泉，是济南的三大名胜。现在单讲趵突泉。

在西门外的桥上，便看见一溪活水，清浅，鲜洁，由南向北地流着。这就是由趵突泉流出来的。设若没有这泉，济南定会丢失了一半的美。……

………

泉太好了。泉池差不多见方，三个泉口偏西，北边便是条小溪流向西门去。看那三个大泉，一年四季，昼夜不停，老那么翻滚。你立定呆呆地看三分钟，你便觉出自然的伟大，使你不敢再正眼去看。永远那么纯洁，永远那么活泼，永远那么鲜明，冒，冒，冒，永不疲乏，永不退缩，只是自然有这样的力量！冬天更好，泉上起了一片热气，白而轻软，在深绿的长的水藻上飘荡着，使你不由地想起一种似乎神秘的境界。

池边还有小泉呢：有的像大鱼吐水，极轻快地上来一串小泡；有的像一串明珠，走到中途又歪下去，真像一串珍珠在水里斜放着；有的半天才上来一个泡，大，扁一点，慢慢的，有姿态的，摇动上来；碎了；看，又来了一个！有的好几串小碎珠一齐挤上来，像一朵攒整齐的珠花，雪白。有的……这比那大泉还更有味。（有删改）

自1980年开始，趵突泉公园便开始举办菊花展览和菊文化活动，至2020年已成功举办41届。第41届趵突泉金秋菊展于2020年10月25日至11月24日举行，泉城在灿烂夺目的菊花中更显风雅。

## 泉水传奇

济南的泉水不仅滋润了泉城人的生活,更以她动人的传奇故事享誉四方,成为人们茶余饭后的话题。我们一起去寻访一下吧!

### 黑虎泉

黑虎泉位于环城公园东南隅,北与解放阁隔河相对。泉源在陡壁下一个深邃的洞穴内。洞中上有巧石悬挂,下有顽石啮波,左右秀石错落。

古时洞前有一黝黑巨石,泉水激石,有如虎啸。加之巨石又似一蹲伏的猛虎,故得"黑虎"之名。明代诗人晏璧曾有诗描绘当时的黑虎泉:"石磻(pán)水府色苍苍,深处浑如黑虎藏。半夜朔风吹石裂,一声清啸月无光。"后来人们在洞北砌一方池,在池南壁雕刻了三只双目圆瞪、大口怒张的虎头。

泉水通过洞底暗道,从三个大张的虎口中喷涌而出,波澜汹汹,水声喧喧。因水声轰鸣,状若虎啸,或洞卧巨石,形似卧虎而得名。黑虎泉的涌水量在济南诸名泉中仅次于趵突泉,居第二位。

### 珍珠泉

珍珠泉位于珍珠泉大院内,以平地涌泉,水泡升腾,如泻万斛珍珠而得名。泉池呈方形,面积1240平方米,雕石砌岸,周饰石栏。池中泉眼遍布,依栏观赏,泉从沙际出,忽聚忽散,忽断忽续,忽急忽缓,与池中成群

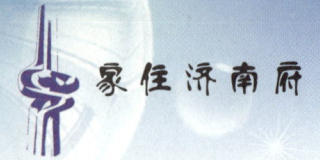

的鲤鱼吐放的水泡相融相伴，构成"鲤鱼戏珠"的胜景。

相传珍珠泉的串串"珍珠"是舜的两个妃子——娥皇和女英的眼泪所化。远古时代，舜因超人的品格和才能，被人们推举为首领。尧将自己的两个女儿娥皇和女英嫁给舜，后将国君之位也禅让于舜。舜勤于政事，常四方巡视。有一年，山东大旱，娥皇、女英带领百姓早晚祈祷上天降雨，并向龙王要水，人人双手都磨出血泡，终于挖出一口深井。正在这时，南方传来舜帝病倒于苍梧的消息，娥皇、女英当即启程南行。看着挥泪话别的人们，她们禁不住一串串泪珠洒落大地。突然，"哗啦"一声，泪珠滴处，冒出一股股清泉，泉水如同一串珍珠汩汩涌出，这就是今天的珍珠泉。后人有诗曰："娥皇女英异别泪，化作珍珠清泉水。"

## 漱玉泉

漱玉泉位于趵突泉公园内，李清照纪念堂南侧。泉名由"漱石枕流"一词演化而来。相传宋代女词人李清照在童年时，曾经跟随其父李格非到此地观赏泉水，年少活泼的李清照流连于泉边垂柳依依的美景，踟蹰不前。待她将到泉边时，一不小心竟然跌倒。小清照忍不住了，准备大哭一番。她的父亲忙说："孩子，别哭，别哭，你要是哭的话这个泉水就不冒泡了。"听了父亲的言语，小清照慌忙用双手捂住小嘴，没有哭出声

来。但是不争气的眼泪还是吧嗒吧嗒地往泉水里流。此后，李清照经常来这里赏泉观水，填词吟诗，浣洗漱玉。这一泉水由此得名"漱玉泉"。她的作品《漱玉集》即以此命题。

## 舜井

舜井位于舜井街中段西侧，又名"舜泉"。据传舜的父亲瞽（gǔ）叟是一位盲人。舜出生后不久，母亲便不幸去世，舜父又娶了一位妻子，并生一子名象。当尧把娥皇和女英两个女儿嫁给舜并让他管理部落后，引起了继母和象的嫉妒，便唆使瞽叟虐待舜，并试图设计害死舜。一天，继母唆使舜父让舜去淘井，待舜下到井底时，瞽叟和象便把土石填到井里，封塞井口。舜在惊恐之际四处探寻，发现井壁北侧有一暗洞，多亏舜穿着妻子缝制的龙形彩纹衣，化成一条长龙从另外一口相通的井中飞了出来，方才幸免于难。因二井是舜遇难、脱险之井，后人便将其并称为"舜井"。相传大禹治水时曾降伏了一条破坏河道的蛟龙，锁在井内，便有了"舜井锁蛟"的传说。

## 百脉泉

百脉泉位于章丘区百脉泉公园龙泉寺内，以泉水众多而有"小泉城"之称，为济南五大泉脉之一，与趵突泉并列。北魏郦道元《水经注·卷八》载曰："百脉水出土谷县（即今章丘）故城西，水源方百步，百泉俱出，故谓之百脉水。"元代地理学家于钦著《齐乘·卷二·水》中写道："盖历下众泉，皆岱阴伏流所发，西则趵突为魁，东则百脉为冠。"池底涌出数不清的水泡，缓缓地浮上水面，好像滚动的珍珠。历代《章丘县志》都把"百脉寒泉珍珠滚"列为章丘八景之一。水中疏疏朗朗的藻体，壁上密密实实的苔藓，把池水染的碧翠。水中锦鱼戏游，生机盎然。泉壁和梵王宫大殿墙上镶嵌着多方诗词、楹联、花卉石刻。其中有明代进士、著名戏曲家李开先《游百脉泉》诗："水劲无过济，脉泉更著名。不霜清见底，漱石寂无声。"

## 斗母泉

斗母泉，位于济南市市中区兴隆街道办事处的斗母泉村青铜山山崖畔，有济南七十二泉第一高泉美名，其海拔高度为548.7米。斗母泉始建于清代，曾名"窦姑泉"，因旺季三股泉水汩汩而出，水流量大，又称"大泉"。泉水自青铜山顶部北崖岩壁岩孔流出，汇落石砌方池，晶莹碧透，清洌甘美，且常年涌流，四季不涸，当地居民都以此为生活用水，传说饮此泉水能"治病保健"。泉周围"百米之内无虫"，很多市民也都来此避暑打水游玩。池畔有连根同生的车梁木与刺楸古树，为济南地区同类树中最大之树。另外，斗母泉还有趵突泉"晴雨表"之称，当其喷涌量达到盛水期七成时，趵突泉就必然喷涌。

山·美·水·美·泉·城·景·儿

**你知道吗?**

随着区划调整,莱芜的吕祖泉也成为济南泉群的重要成员。吕祖泉是莱芜北部山区的名泉。相传,古时此地水源奇缺,百姓吃水困难,吕洞宾云游到此,被纯朴的民风所感动,点地成泉,百姓为感恩吕祖,取名吕祖泉。同学们可以利用假期去亲身游览一下啊!

看看我搜集到的其他名泉的传说:

**实践活动**

同学们,我们爱我们的家乡泉城济南,也爱灵动的泉水。我们可以借助网络、书籍等途径搜集、整理家乡名泉的由来、传说及沿革,制作家乡名泉录,让更多的人了解泉城、爱护泉水。

最美泉水游

## 山秀湖翠俏泉城

泉是济南的特色。山是泉之源,河是泉之脉,湖是泉之汇,城是泉之生,山河湖泉共同孕育出了辉煌灿烂的城市文化。"一城山色半城湖"涵盖了济南的环境特色,也表明济南的山、河、湖平分秋色,共同扮靓了济南的四季。

 **满城山色**

### 佛教名山——千佛山

千佛山位于济南市南部偏东之处,原称历山,春秋称靡笄山,战国称靡山,南北朝称舜耕山。隋开皇年间,依山势凿窟,镌佛像多尊,始称千佛山,并建"千佛寺"。唐贞观年间,重新修葺佛寺,并将"千佛寺"改称"兴国禅寺"。千佛山遂成为香火胜地。自元代始,每年"九九重阳节"都要举办庙会。新中国成立后,1959年辟建为公园。千佛山,东西横列如屏,峰峦起伏,林木森森,风景秀丽,为中国佛教名山之一,是济南三大名胜(千佛山、趵突泉、大明湖)之一。

唐槐亭位于千佛山西盘道旁。亭中置石几石凳,周围以坐栏。地处山腰风口,清凉宜人。亭周花木丛生。近亭有一古槐,相传唐代名将秦琼曾拴马于此,人称"秦琼拴马槐"。树干半枯,后于空心中生一幼树,又称"母抱子槐"。

山·美·水·美·泉·城·景·儿

千佛山上的石佛雕刻集中在兴国寺后的千佛崖上。千佛崖上有隋代石佛60余尊，年代悠久，具有很高的艺术价值。千佛山之东，佛慧山主峰山麓有一佛龛，内有一尊头部佛像，高7米，宽4米多，俗称"大佛头"，这是一种十分罕见的石雕。山北麓的万佛洞，集我国"莫高集锦""龙门精华""麦积厅观""云冈荟萃"著名四大石窟于一洞，经过艺术浓缩、重构，塑造佛祖、菩萨、弟子、天王、力士28888尊，其中最大的卧佛长28米，洞外仿乐山大佛高15米，而最小的仅20~30厘米。佛教艺术自东汉传到中国，经劳动人民长期揣摩汲取精华，已形成具有中华民族精神的特殊风格。这些特点，在这里得以充分体现。于此可一瞻北魏、唐、宋各时期的造像风采。

爷爷，你看，这是我从网上搜到的千佛山游览图，我们可以利用这张线路图爬千佛山，游览千佛山的胜景了。

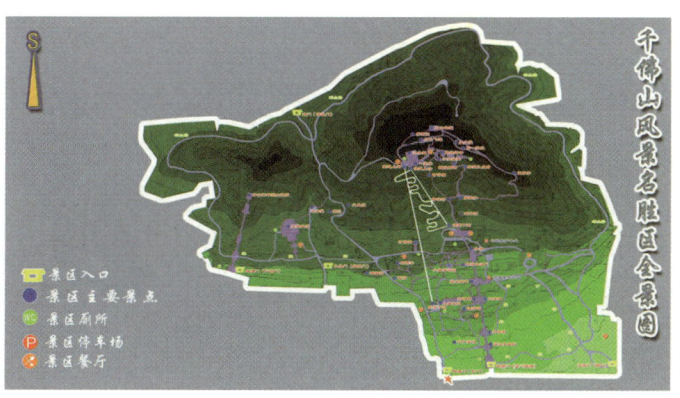

17

## 齐烟九点

唐朝诗人李贺《梦天》诗曰"遥望齐州九点烟,一泓海水杯中泻",我们济南的名胜"齐烟九点"即是由此诗句演化而来。诗中"齐州"本指中国,清代人因济南古称齐州,便借用该诗句描绘济南的山景。现在一般是指自千佛山"齐烟九点"坊处北望所见到的卧牛山、华山、鹊山、标山、凤凰山、北马鞍山、粟山、匡山、药山九座孤立的山头。

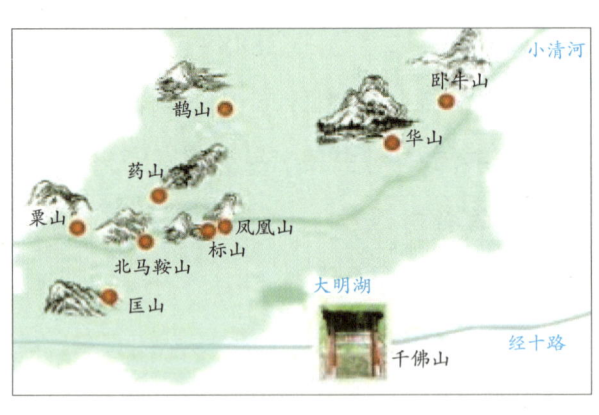

孩子,今天天气晴朗,我们爬华山去吧!

华山在济南市郊东北部,位于黄河以南、小清河以北。古时称"华不注",为历史名山。其名取自于《诗经·小雅·棠棣》,其诗曰:"棠棣之华,鄂不韡韡(bà)。""华"即"花","鄂不"即"萼跗",谓之花蒂。山名"华不注",意为此山如花跗注于水中。华山山势平地突起,山体陡峭,景色壮美。极目远眺,泰岱连绵;黄河逶迤,大桥飞架;"齐烟九点",远近点缀,景色奇绝。

华阳宫四周墙垣相围,院内古柏参天,虬盘鳞结,郁郁森森,四季鸟鸣。宇侧、岩壁、林间,碑碣林立。

元代书画大家赵孟頫曾绘《鹊华秋色图》,流传至今。后人又将此景命名为"鹊华烟雨",列为旧时济南八景之一。

### 赵孟頫与《鹊华秋色图》

《鹊华秋色图》是赵孟頫于1295年回到故乡浙江时为周密(字公谨,1232－1298)所画。周氏原籍山东,却生长在赵孟頫的家乡吴兴,从未到过山东。赵氏为周密述说济南风光之美,并作此图相赠。辽阔的江水沼泽地上,极目远处,地平线上,矗立着两座山,右方双峰突起,尖峭的是华山,左方圆平顶的是鹊山。

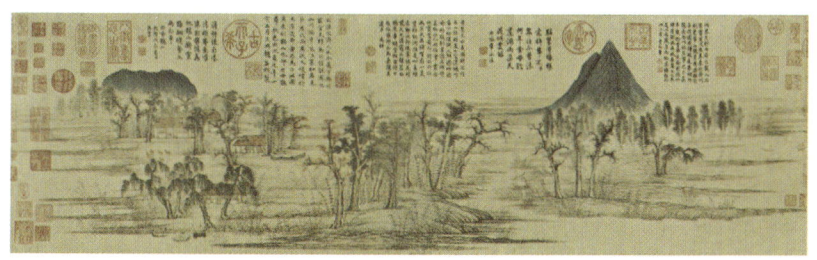

### 新闻袋袋裤

华山历史文化生态湿地公园占地面积约 6.25 平方千米，其中水面面积约 2.5 平方千米，由光华大道（环湖路）围合而成。2019 年 5 月 1 日，济南华山历史文化湿地公园正式对外开放，首日就迎来了 5 万多游客。建成后的华山生态湿地公园的湖区水系将与小清河、大明湖、护城河、趵突泉等水系连通，构建水上泉城旅游路线。在"齐烟九点"和"鹊华烟雨"涅槃重生的同时，未来华山片区将成为历史文化与休闲旅游相融合、现代居住与生态环境相协调、改善提升与持续发展相统一的具有齐鲁文化特色的生态文化旅游目的地，也会成为济南旅游新名胜、城市文化新名片。

## 省城后花园——南部山区

济南南部山区地理位置独特，地处泰山余脉，境内群山环抱、沟壑纵横、山清水秀、空气清新、风景秀丽，被誉为"省城后花园"。南部山区历史底蕴深厚，在那一片古朴的文化氛围中，更彰显一股心无旁骛的宁静。

## 九如听瀑

九如山群山连绵，峰峦层叠，俏石嶙峋，卓异多姿，跌落为深壑幽谷，隆起成高巅峭壁，其中海拔超过800米的山峰就有36座之多，灵秀之气，贯穿上下，林中富氧，弥漫四周。纯净的原始生态孕育了峡谷、奇峰、丛林，酝酿出山泉、溪流、瀑布、深潭，云蒸霞蔚，交织出绚丽的自然景观，也造就了泉城中的众多名泉。若能登上天池，依凭无亭，四面藤萝交织，脚下泉泻如练，身在飘渺云中，如临瑶池仙境，必能忘却自我，融入这美丽的大自然。

## 红叶醉秋

红叶谷位于济南南部山区锦绣川，是国家AAAA级景区，每年的金秋时节，这里红叶满山。红叶谷景区占地面积约为270公顷，植被覆盖率达97%，空气中负氧离子的含量是市区的300多倍，有济南新七十二名泉之一的圣水泉。2001年9月建成开放，每年举办的郁金香节、百合花节、红叶节、梅花节是济南知名的四季旅游品牌。

### 齐鲁仙境——五峰山

素有"齐鲁仙境"美誉的五峰山，位于长清县城东南10千米处，属泰山山脉，与泰山、灵岩山并称"鲁中三山"。五峰山于秦代开始被开发，因迎仙峰、望仙峰、会仙峰、志仙峰、群仙峰五个秀丽的山峰并列而得名。五峰山仙境的特色是秀、幽、奇、古。五个仙峰常年环抱在绿树浓荫之中，宫、观、亭、台相互掩映；山中泉水清纯甘甜，煮沸无垢，其中清泠泉为济南七十二名泉之一；安乐轩、莲花洞、王母洞等幽幽地掩映在苍松翠柏间；大自然的鬼斧神工造就了五峰山的奇峰怪石，山奇、树奇、桥涵奇，风景绝佳。五峰山还是一块难得的风水宝地，古时这里道教十分兴盛，道观规模宏大，是古代江北最大的道教圣地之一，历史上五峰山道观曾4次受到皇帝的敕封。五峰山内外八景，景景生辉，处处生情，优美的自然景观和悠久的历史文化浑然一体。

## 中华生态第一村——房干村

房干村，位于济南市莱芜区北部的雪野镇，海拔400~800米，与南部山区同属泰山山脉。其景色山峻川媚，鸟语花香，四季皆佳，以生态环保为特色，以绿色为主题，汇山、水、林、泉、潭、瀑、峡、洞、石等自然景观于一处，森林植被覆盖面积占90%，

被国际环保专家誉为"绿色天堂"。房干村主要景观有九龙大峡谷、金泰山、石云山、天门峡、桃花源、万寿崖、日观峰等。九龙大峡谷全长20千米，谷中古树参天，两边奇峰突兀，山、泉、潭、瀑、洞分布于峡谷之中，至今仍保持着原始风

貌。金泰山山势雄奇，形似泰山，山顶有拱北石、罗汉石、巨蟒岩等景观。石云山海拔 840 米，山上奇石遍布。天门峡在石云山北麓，长约 2.5 千米，峡中谷壑交错，有情人谷、龙凤谷、鹿鸣谷和蝴蝶谷，还有饺子石、元宝石、花盆石等景观。房干村因其自然风光和人文景观的特有魅力，获得"中华生态第一村"的美誉。

济南的山和城市密不可分，城里城外，青山绵延，像一幅幅动态的水墨画，满溢着朴素和自然的美。"一城山色"为济南这座古城增添了无尽的魅力和灵气。让我们更深入地走进济南的山，触摸济南悠久的历史，感受济南灿烂的文化，感受济南日新月异的发展。

 **河湖掠影**

济南不仅泉润、山美，更有风韵独致的河湖景观。济南在河湖的萦绕中更显出灵秀之美。

### 中国第一泉水湖——大明湖

由众多泉水汇集而成的大明湖像一幅彩色的画卷妆点着济南的四季。

爷爷，我们去逛大明湖吧！

## 明湖掠影

　　大明湖位于济南旧城北部,由珍珠泉、孝感泉、芙蓉泉、濯缨泉等20多处泉水汇集而成,有"众泉汇流"之说。早在唐宋时期,大明湖就以其撼人心弦的美景而闻名四海,并获"泉城明珠"之美誉。蛇不见、蛙不鸣,久雨不涨、久旱不涸是大明湖两大独特之处。2009年,大明湖荣膺中国世界纪录协会"中国第一泉水湖"称号。

　　大明湖一年四季美景纷呈。春日有湖风拂面,柳丝摇曳;夏日有莲叶接天,荷花映日;秋日有芦花飞舞,水鸟翱翔;冬日则银装素裹,分外妖娆。夜晚的大明湖更是灯光璀璨。"泉城夜宴·明湖秀"秉承"动静相宜,明湖多赏""光随舟行,景随光至"的设计理念,以声光表演为载体,将济南"湖、泉、桥、古建筑"的独特风貌呈现在熠熠光影中,诠释了泉城济南美丽的人文画卷,展示了济南多元、包容的文化底蕴。

山·美·水·美·泉·城·景·儿

**明湖揽胜**

大明湖一带历代建筑甚多，素有"一阁、三园、三楼、四祠、六岛、七桥、十亭"之说，所有建筑均建造精美，各具特色。

历下亭位于明湖水面诸岛中最大的湖心小岛上，因处历山之下而得名。它四面临水，绿柳环绕，挺拔端庄，古朴典雅，红柱青瓦，八角重檐，朱梁画栋，是一座轩昂古雅的木结构建筑。杜甫曾与北海太守李邕饮宴于历下亭，并写下《陪李北海宴历下亭》诗，诗中"海右此亭古，济南名士多"一句被人广为传诵，历下亭也因此名扬天下。亭中匾额"历下亭"三字，为清乾隆皇帝手书。

铁公祠坐落在大明湖北岸西端，建于清乾隆五十七年（公元1792年），是为纪念明代兵部尚书、山东参政铁铉而建。明建文帝时，燕王朱棣南下夺权，攻至济南，铁铉率军民坚守，屡挫燕王。朱棣攻下南京，自立为帝后，铁铉终因兵微将寡，被俘牺牲。后人敬其英烈，立祠祀之。

这就是镶嵌着"四面荷花三面柳，一城山色半城湖"对联的小沧浪亭。

遐园坐落在大明湖南岸，为清宣统元年（公元1909年）山东提学使罗王钧创办山东图书馆时所建，原为山东图书馆的一部分，后分开划归大明湖公园。遐园布局设计均仿照浙江宁波著名藏书楼天一阁的格式，四周曲廊相连。建成后因景致清雅，藏书丰富，在当时颇负盛名，有"南阁（天一阁）北园（遐园）"之誉。园内假山突兀，花木扶疏，山石嶙峋，游廊迂回，亭台巧置，有读书堂、明漪舫、浩然亭等建筑，均造型巧妙，古朴典雅，被誉为"济南第一标准庭院"。另外，园内西北角长廊壁上还嵌有岳飞手书的诸葛亮《前后出师表》石刻。

## 山·美·水·美·泉·城·景·儿

"超然致远"是大明湖扩建新区八景之一,楼体坐落在宽大的汉白玉台基上,顶覆铜瓦,古朴典雅,上下7层,高51.7米。楼内汇集泉城揽胜、济南八景等木雕作品和鲲鹏展翅、万马奔腾、龙吐九鲤等根雕作品,以及大明湖八景绘画作品。楼内有电梯直达观景台,游人登高望远,泉城美景一览无余。

### 温馨提示

济南市大明湖景区从2017年1月1日开始全部向游客免费开放。假日,同学们可以开展研学活动,畅游大明湖,欣赏明湖美景,并用你的相机或画笔将撼人心弦的美景记录下来;也可以借助多种途径搜集诗词美文,在阅读和研学中体会家乡深厚的文化底蕴。快点行动起来吧!

### 畅游泉水之河——护城河

济南的护城河又称"济南环城河",是一条与泉城历史文明相伴而生的城市河流,也是国内唯一一条由泉水汇流而成的护城河。它像一条柔美的玉带,护拥着泉城。阁影、游船、泉水、垂柳,构成了一幅动静相间的水墨画,为泉城增添了隽永俊秀,使济南这座名城繁华而不失清幽,厚重而不失灵韵。

品味济南护城河的美,最妙的是乘船畅游,观翩翩垂柳,听潺潺泉韵。

2010年12月29日，济南护城河全线正式通航，使济南成为全国唯一可乘船环游老城区特色风貌带的城市。全线通航后的济南护城河泉韵悠长，泉、河、湖形成有机整体，游客可乘船游览泉城广场、趵突泉公园、五龙潭公园、大明湖风景区等众多景区景观，可谓"一水连百景"。两岸垂柳依依，植被错落有致，栈道与水榭相伴的湿地景观绮丽动人，在繁华都市中为市民和游客打造出一片生态宁静之地。

护城河航线全程6.9千米，游船采用顺时针单循环、逐站停靠的公交式运行模式。沿途共设10个站点：黑虎泉船站→泉城广场船站→趵突泉船站→五龙潭船站→大明湖西南门船站→大明湖稼轩祠船站（湖西码头船站）→司家码头船站→小东湖船站→老东门船站→青龙桥船站→黑虎泉船站。

解放阁是畅游护城河的首站。解放阁在原济南古城墙东南角，阁址位于当年济南战役中人民解放军攻城突破口处，是为纪念解放济南而建。它不仅是纪念济南解放的圣地，也是山东省重要的爱国主义教育基地。

贯穿古今，开放包容——泉城广场

锦鲤悠悠，水天一色——五龙潭

曼妙多姿，七桥风月——小东湖

华灯初上，宛如仙境——夜游泉城

流经悠悠岁月的护城河，对济南来说，不仅仅是一条河。其优雅的自然风貌和丰厚的文化底蕴，孕育了热情、宽容、才华横溢的济南人，承载着坚韧不拔、奋发向上的济南精神。孩子们，让我们循着护城河的足迹，去感受丰厚的文化积淀出的济南府的那股豪爽的性格、那份灵秀的气质，寻访老街小巷，更深入地感知济南的过去和变化！

## 探访小清河

小清河自开挖（公元1130～1137年）以来，至今已有近900年的历史。除具备漕运、灌溉等功能外，作为济南市城区唯一一条排水河道，还担负着排洪防汛的重要职责。

小清河历史上曾经是航运的黄金水道，承载着济南清波独运、河海复通的梦想，也承载着济南市民对于泉城的热爱。

济南从2007年11月开始对小清河进行综合治理，2011年10月1日，小清河在断航20余年后试水通航，通航河段位于五柳岛至洪园节制闸之间，长约9千米，昔日小清河"河畅、水清、岸绿、景美"的秀丽景色再现于人们眼前。2016年小清河复航工程正式启动。

2018年12月，《小清河生态景观总体规划及景观设计》编制完成，将打造六大特色景观节点、六大风貌带，使小清河成为一条"山水生态格局稳定、泉城文化特色彰显、促进北跨动能转换流动的城市活力脊"。全线规划设计了"睦里桃源""涤心雅静""悦动山韵""风华济南""泉城

印象""齐烟揽华"六个沿河景观节点；节点间沿河景观根据周边环境，依次设计了"睦里桃源""康体养生""静享乐活""济泺风情""古济新貌""山水艺术"六个不同风格的风貌带，将最美小清河呈现给他人。

## "济南50公里圈"内最大的水面——雪野湖

雪野湖隶属于济南市莱芜区雪野镇，位于莱芜区北部，东与淄博交界，西与泰安为邻。总面积223平方千米，是鲁中地区难得的山水一体的旅游度假区。

雪野湖三面环山，山水互映。来这里游览可以沿环湖路驱车或

步行，沐凉爽湖风，看粼粼波光；或到沙滩浴场享受阳光，脚踩金沙，游泳冲浪；还可乘游艇水上驰骋，饱览湖光山色。

雪野湖即雪野水库始建于1958年，总库容2.21亿立方米，工

作库容 1.12 亿立方米,是一座集防洪、工农业供水、发电、水产养殖、旅游等多功能于一体的大型水利工程,更是"济南 50 公里圈"内最大的水面,其岸线曲折,山水相依,风光秀美。

雪野湖水质清澈,所产鱼类以个大、体肥、味美而著称,主要品种有鲢鱼、鲤鱼、草鱼、鲫鱼、鳜鱼等,尤其是雪湖鳜鱼,不腥不腻,味道鲜美,营养价值高。以鲢鱼为原料制作的雪野鱼头在 2011 年当选"到山东不可不品尝的 100 种美食"之一。

现代农业科技示范园

蓝湾欢乐谷

滑雪场

山、泉、湖、河扮靓了济南,滋养着泉城。作为济南人,我们应怎样以自己的实际行动建设美丽泉城,圆美丽泉城梦呢?

山·美·水·美·泉·城·景·儿

## 柳绿荷红舞清风

　　济南的市树——柳树和济南的市花——荷花珠联璧合,交相辉映,共同妆点着济南。"四面荷花三面柳"将济南人的生活掩映在了绿柳红荷间。

### 杨柳依依

　　嗨!大家好,猜猜我是谁?哈哈!我是亮亮,是济南的市树——柳树的形象代言人哦!我是一个活泼可爱的小精灵,我的头上戴了一顶柳枝编的帽子,吹着柳哨,迈着欢快的步伐在奔跑。之所以取名"亮亮",是因为"亮"字既有哨声响亮的意思,又有光明的含义,寓意了济南辉煌灿烂的未来。接下来让我带领大家走近济南的柳树吧!

#### 识柳

　　柳树是济南的市树。在济南,只要有水的地方定会摇曳着柳树的身影,小桥流水,垂柳依依,让济南展现出"北方江南"的别致风景。

## 赏柳

济南的柳是不一样的。柳枝慵懒地垂着，或长或短，或前或后，或左或右，毫无规则，拂在水面上，水就生了烟，朦朦胧胧；拂在屋顶上，屋顶就起了雾，飘渺氤氲；倚到墙面上，墙就成了诗，优雅绮丽；搭在我肩上，我就入了画，纸墨生香……

——摘自张洪英《济南的柳树》，《天津工人报》2012.10.21

北方的冬季，景色趋于萧条、单调。不过在济南却不用担心，满城的垂柳焕发出灿烂的金黄，把冬天装点得神采奕奕。当大雪节气到来的时候，别的落叶乔木都已"偃旗息鼓"，而济南的柳树这时才开始出彩，柳叶还比较繁密，连同枝条一道变黄，像一条条细长的黄丝带，随风婀娜飘舞。柳树初春即发芽，飞速地"万条垂下绿丝绦"，积极营造春风骀荡、春光明媚的暖意；夏天绿树浓荫，供人们避暑纳凉；秋天不急不躁、不动声色，任凭枫叶、银杏出演秋色的主角；冬天在谢幕之际，华丽转身，变为金黄色，调节冬天古板严肃的氛围。在济南，除了常绿乔木之外，一年四季陪伴我们时间最长的应该说就是柳树！它品性与颜值俱佳，值得拥有，值得信赖，无愧于市树的称号！

随着寒风愈来愈锋利，树上的柳叶无法继续坚持，无奈都落了。但是柳枝依然保持着金黄，笑傲寒风，枝条丛聚仍散发着视觉冲击力。我一次次在百花桥、北渚桥、渔洋桥等地感动于柳的坚毅与魅力，经冬方知柳色美。

——摘自朋星《济南冬天的柳色》，《济南日报》2017.12.19

## 山·美·水·美·泉·城·景·儿

**考考你**：济南的柳树作为大千树种中的普通一族，为什么会有这么神奇的灵性呢？

哈哈！这个问题是不是难住你了？我可以悄悄地提示一下哦：联想一下济南城市的特点吧！

### 亮亮告诉你

　　柳树的生命力非常顽强，只要有水就能够生根发芽，只要有根就能冲破恶劣环境的阻挠继续生长壮大，生生不息。柳树这种随遇而安的智慧、坚韧顽强的品格、不屈不挠的精神，演绎着泉城人"生当作人杰，死亦为鬼雄"的豪迈气节，显示着泉城人的风骨，彰显着泉城济南的内在底蕴。依泉而生的柳树成为植物中最具有代表性的"济南范儿"。

 ## 荷韵悠长

　　嗨！大家好！我是济南市花——荷花的形象代言人和和。我的头部是以荷花的花形变化而成的，荷花的花瓣变化成了我的四肢，荷叶变化成了我的衣服，表现出济南泉水和荷花相映的美丽景色，突出了济南泉城的地方特点。

### 识荷

　　荷花，一名芙蕖花，又名水芙蓉，是被子植物中现存最古老的植物之一。大约一亿零四千五百年前，在原始的地球上生长着的少数生命力极强的植物中，就有荷花，因而被人们称为"活化石"。

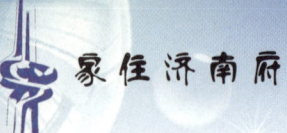

## 家住济南府

### 和和告诉你

2019年以"'荷'彩中国·花耀明湖"为主题的济南第33届荷花艺术节于7月15日至8月14日在天下第一泉风景区大明湖景区开展。本届荷花艺术节以新中国成立70周年为契机，突出红色主题，表达"爱我中华，共筑中国梦"的美好愿望，为大家呈现以立体造型、盆栽、组景为多种表现形式的荷文化园林艺术大餐。

爷爷，荷花节开幕了，我们去大明湖看荷花吧！

### 赏荷

大明湖是赏荷的最佳场所，为此大明湖的荷花节每年举办两次，农历六月二十四日俗称荷花生日，这一天湖中有迎荷花神节；农历七月三十日是旧日的盂兰盆会，则称为送荷花神节。节日期间，湖内荷花鲜艳夺目，湖面上碧绿滚圆的荷叶托出朵朵芙蓉，亭亭玉立，嫩蕊凝珠，盈盈欲滴，清香阵阵，沁人心脾。举办单位同时还邀请国内各地的文人墨客，举办咏荷书画展、楹联比赛等活动，使荷花艺术节真正具有了浓浓的文化艺术气息。

# 品荷

## 爱莲说

［宋］周敦颐

水陆草木之花，可爱者甚蕃。晋陶渊明独爱菊。自李唐来，世人甚爱牡丹。予独爱莲之出淤泥而不染，濯清涟而不妖，中通外直，不蔓不枝，香远益清，亭亭净植，可远观而不可亵玩焉。

予谓菊，花之隐逸者也；牡丹，花之富贵者也；莲，花之君子者也。噫！菊之爱，陶后鲜有闻。莲之爱，同予者何人？牡丹之爱，宜乎众矣！

【译文】水里陆地上各种草木的花，值得喜爱的有很多。晋代的陶渊明只爱菊花。自从李氏唐朝以来，世上的人们很喜欢牡丹。我唯独喜爱莲花从污泥里长出来却不沾染污秽，经过清水的洗涤却并不显得妖媚，荷梗中间贯通，外形挺直，既不生藤蔓，也没有旁枝，香气散播到远处，更加使人觉得清幽，笔直而洁净地立在那里，可以在远处观赏，但不能贴近去玩弄啊。

我认为菊花，是花中的隐士；牡丹，是花中的富贵者；莲花，是花中的君子。唉！喜爱菊花的人，在陶渊明之后就很少听到了。喜爱莲花的人，像我一样的还有什么人呢？喜爱牡丹的人，当然就很多了。

文章托物言志，以莲喻人，赞美了莲的品格，歌颂了君子"出淤泥而不染"的美德，表达了作者不与世俗同流合污、洁身自好的高尚品格和对追名逐利的世态的鄙弃和厌恶。

荷花以它那艳丽的色彩、幽雅的风姿融入了济南人的生活和精神世界，莲花的品质也已深入济南人的血脉，清秀而不卑不亢，彰显济南人的高洁品质。

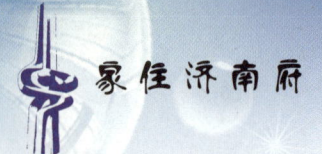

 你知道吗?

自 2009 年 1 月 1 日起,泉城济南在对外宣传等工作领域广泛启用城市系列文化形象标识,成为全国首个推出城市系列文化形象标识的省会城市。除了市树——柳树亮亮、市花——荷花和和,还有什么呢?同学们快上网查查吧,要更深入地了解我们的城市及发展哦!

### 我的资料卡

济南是一座历史文化底蕴深厚的城市,这里有峻秀的山峦、灵动的泉水、朴实的生活、独具特色的风情,更有日新月异的发展。同学们,就让我们带着对家乡的热爱,带着对家乡发展的美好憧憬,走进济南的大街小巷,研究济南深厚的文化,体会济南人民独具特色的生活,感受济南的发展和变化吧!

# 第二单元　乡韵乡情泉城味儿

"山在城南，湖在城北。湖山而外，还有七十二泉，泉水成溪，穿城绕郭。"这就是我们居住的城市，这一城一湖、一山一水间充满着平淡而又值得回味的滋味。这些滋味里，有泉水的清洌、夏荷的清香、隆冬烤地瓜的甘甜，还有那千佛山的晨钟暮鼓，市井偏巷里的方言俚语，它们都是浓浓的家乡味道。那就让我们循着泉水的流向，去品味那些咱泉城人独享的泉城滋味吧！

## 傍泉而居泉水人家

孩子，你知道在爷爷小时候济南城是什么样子吗？今天爷爷带你去一个好地方，那里泉水淙淙，杨柳依依，曲径通幽，爷爷每次去那里都好像回到了童年。

曲水亭街幽静的老街、潺潺的泉水

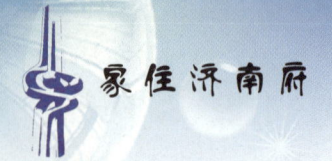

 你知道吗？

曲水亭街是济南一条闻名中外的具有历史文化特色的老街，北靠大明湖，南接西更道，东望德王府北门，西邻济南府学，当地百姓有"芙蓉街，西奎文，曲水亭街后宰门"之说。这里依然完整地保留着《老残游记》中"家家泉水，户户垂杨"的泉城风貌。

##  泉边风情

济南甘泉，冠于天下。泉水，是大自然对济南最丰厚的赏赐。泉水滋润了济南，给这座古城带来了数不尽的风情、说不尽的意蕴。济南人世世代代生活在泉边，泉水是济南的根、济南人的魂，济南人生在泉边水畔，长于柳下荷间，在泉水汩汩流淌的生机里，也焕发出古老泉城的全新魅力。

远在北魏时期，济南的士大夫就在现曲水亭街附近建起了曲水流杯池。北魏郦道元在《水经注》一书中写道："历祠下泉源竞发，北流经历城东又北，引水为流杯池，州僚宾宴公私多萃其上。"流杯池即现在的王府池子，池水北出，曲折东流，至曲水亭街。当时这里清流映带，杨柳依依，岸平草软，是曲水流觞的理想场所。

 泉泉告诉你

从汉朝开始，农历三月上旬的巳日便被定为"上巳"。在这一天，人们要到水滨洗濯，以消除不祥，叫作"修"。魏晋以后，又把这一天确定为

## 乡·韵·乡·情·泉·城·味·儿

三月初三。这天"修"以后，人们顺便要举行野餐宴乐和"曲水流觞"的诗酒盛会。游乐的人们列坐在环曲的水溪旁，把酒装入觞杯中，置于托盘，放在溪流上游的水面上，使之顺流漂下。觞杯漂至曲折拐弯处，往往会停住不动；即使在前一转弯处未停，也会在后一个转弯处停下。酒杯停在谁的近前，谁就得将酒饮下，饮后还要作诗吟唱，作诗不成便是罚酒，这就叫"曲水流觞"或"流觞曲水"。

启明街一带有处泉水叫华家井，它位于启明街41号以东路北，泉呈井型，属珍珠泉群。据说，从前华家井水量大、水质好，是附近居民的汲水处。如今华家井后面的壁画上，描绘的就是旧时居民用小车、木桶取水运水的情形。

旧时，居住在泉水边的居民，每天清晨用"担杖"（扁担两头加铁链、铁钩）挑着水桶来河边、泉边汲水。据说，那时卖水人都用盛水较多的木制、铁制水车，车上盛水大桶下有一放水孔，用水时把木塞子拔下。卖水人把水从水车内放至水桶中，再挑着送到用户家中。

爷爷小时候原来是这样取水、买水的啊，真有意思！

### 诗词撷英

**济南竹枝词**

［清］孙兆溎

多少名泉散四隅，纡回络绎赴明湖。

阿侬最喜长流水，流到门前洗绿襦。

这首诗的笺注中这样写道："（济南）城中多二尺许水沟，通城环绕，清泉汩汩，长流不止，每从民居中流出。"

##  泉水人家

> 泉水对济南人来说，可饮，可涤，可赏，可嬉。世界上没有哪个城市的人像济南人这样亲泉、爱泉，有浓厚的泉水情结。

如果说老街巷是济南的筋骨，那么泉水，无疑是济南这个城市的灵魂。

泉水密布于整个城市的街巷间，灵动、悠远，滋养着济南的每一寸土地，又似在传唱着古老的文明。泉水，造就了济南的江南美景，也成就了济南人的泉水生活。

人们在泉边取水，用泉水泡茶，在柳荫下对弈，在泉池里游泳，生活惬意而自在。

许多隐逸在乡间的古老泉眼，更是人们生活必不可少的。河边泉畔，树荫凉儿下，妇女们择石而坐，地势敞亮，风不停地吹着，再和同伴饶有趣味地说着话。那风声、笑声、棒槌声、鹅鸭鸣声……真是充满了闲适趣味。

乡·韵·乡·情·泉·城·味·儿

爷爷,咱们济南的泉水可真是一大宝贝啊!我们的生活真的离不开泉水。

是啊,咱们济南人对泉水的珍爱无处不在呢。爷爷再带你去一处更有意思的地方,那里再现了老济南的泉畔生活。

百花洲片区

　　百花洲,又名百花汀、百花池、小南湖,位于济南市天下第一泉风景区。这里有碧波粼粼的小湖,夏日岸边绿柳临风,水中碧莲映日。距此不足二三百米有著名的珍珠泉群,泉群之水,经玉带河流入百花洲,再穿过鹊华桥流进大明湖,是济南"家家泉水、户户垂杨"韵味的集中承载地段。漫步百花洲,白墙黛瓦,

43

石板青青，泉水人家的喜怒哀乐、历史文化的沧桑厚重、数百年的人文习俗，就随着石缝里的泉水汩汩流淌着。

百花洲流杯池子街

百花洲内的济南传统民居四合院

### 诗词撷英

古时的百花洲，比现在大得多，现在百花洲东岸一带的民居，原为水中小岛，北宋熙宁五年（公元1072年），著名文学家曾巩调任齐州（今济南）知州，在大明湖上筑百花堤，小岛也因之而得名百花台。

#### 百花台

［宋］曾巩

烟波与客同樽酒，风月全家上采舟。

莫问台前花远近，试看何似武陵游。

## 爱泉护泉

泉水浴场畅游

## 乡·韵·乡·情·泉·城·味·儿

济南泉水浴场位于解放阁下白石桥的东侧，它是在原来青年游泳池旧址上改造而成的。泉水通过南端的假山形成两道瀑布，源源不断地汇入浴场。多余的水从北端的出口流入护城河，从而使浴场中的水位保持不变。

### 新闻链接

2017年6月30日上午，济南市泉水保护办公室举办新闻通气会，对修订的《济南市名泉保护条例》进行通报，该条例将于7月1日正式实施。该《条例》对各个名泉的管理单位进行规定，济南的573名泉都将有"娘家"。济南市、各区县还将制定名泉保护总体规划和十大泉群的保护详细规划。

济南市、有关县（区）人民政府应当将名泉保护纳入国民经济和社会发展计划，加大财政投入，在同级财政预算内安排名泉保护专项经费并建立名泉保护生态补偿机制。任何单位和个人都有保护名泉的义务，都有权对名泉保护工作提出意见和建议。

——摘自《修订版〈济南市名泉保护条例〉明日实施》，《齐鲁晚报》2017.6.30

孩子，你看咱们济南对泉水的保护已经立法了，《条例》里还列出了济南的七十二名泉、十大泉群和573处泉水的地址，保护泉水是每一个济南市民应尽的义务。

## 我们的泉水节

泉城人民历来有爱泉、赏泉、弘扬泉水文化的传统，拥有属于自己的泉水节日，一直是泉城人的梦想。近年来，济南市多措并举，大力开展节水保泉行动，使济南市各大泉群实现了常年持续喷涌，增强了社会各界对成功举办"泉水节"的信心。自2013年8月至2020年9月，我们已成功举办了8届泉水节。每一届泉水节都是我们泉城人共同节日。2020年第八届济南国际泉水节的主题是"凝聚泉水力量 弘扬黄河文化"，彰显了泉城独特的文化魅力。

泉水节的活动丰富多彩，既有济南·黄河少年行、"情系黄河·亲近泉水"诗歌朗诵会等弘扬黄河文化的活动，又有敬泉盛典、2020济南泉·城文化景观学术研讨会、泉水音乐节等展示济南城市特色的活动。以上活动的举办旨在讲好黄河与济南的故事，提振城市的文化自信，提升市民的文化自豪感。

第八届泉水节花车

第八届泉水节敬泉大典

 泉泉告诉你

泉水节标志运用传统水纹组合而成草书"泉"字；三个相互交融的旋涡状图案代表的是天、地、人三者之间的和谐统一；标志类似手印纹的效果代表济南人的纯朴和诚信，充满人文色彩；水墨效果彰显泉城文化气质之美；颜色上运用蓝、绿、红，分别代表泉城蓝天、绿柳和红荷。标志整体立意独特，形式上富有延展性，深刻传达了美丽泉城的文化内涵。

乡·韵·乡·情·泉·城·味·儿

 **探究在线**

> 泉水节是我们济南人特有的节日，明年的泉水节你想参与什么活动呢？

> 我们是不是也可以给泉水节提提建议，说说我们小学生的想法？

> 对呀，我想参加泉水咏诵会，用美丽的声音歌颂泉水！

> 我们可以到趵突泉做小导游，引导游客游览。

### 小泉娃任务单

任务：为泉水节设计一个主题活动，做一个活动策划方案。

方案需要包括：

1. 主题说明；
2. 活动时间和地点；
3. 活动安排；
4. 活动形式；
5. 参与人员。

### 温馨提示

1. 可以采访同学，广泛征求意见。
2. 搜集资料，学习如何制作策划方案。
3. 要学会向周围的人求助哦！

## 泉水申遗

泉水是济南的灵魂，是济南最知名的特色资源。2019年3月，"济南泉·城文化景观"列入中国世界文化遗产预备名单，泉水文化再次受到世界瞩目。自2003年趵突泉恢复持续喷涌以来，咱济南人保泉的努力和保泉的过程艰辛而卓绝，泉水持续喷涌与我们每一个人生活息息相关。而申遗是一个漫长的过程，自然与文化双遗产既要符合自然发展规律，更要与人类生活紧密结合，天人合一。让泉群融入城市文化生活，与老百姓生活发展密切相连，也是我们每一个济南市民应该从一点一滴做起的。

让我们一起了解一下泉水申遗的过程吧。

- 2006年6月26日，济南市首次宣布将积极为泉水申遗。
- 2009年，济南泉水被列入《中国国家自然与文化双遗产预备名录》，踏出了泉水申遗的第一步。
- 2016年9月，济南泉水文化景观保护国际研讨会上传出消息，泉水申报世界遗产项目由自然文化遗产转变为文化遗产，申报范围从济南泉水申遗更新为泉·城文化景观整体申遗。
- 2017年9月6日，"济南泉·城文化景观"申报世界遗产领导小组第一次全体会议召开。
- 2019年3月26日，国家文物局将"济南泉·城文化景观"列入《中国世界文化遗产预备名单》。

 你知道吗？

世界文化遗产，是一项由联合国发起，联合国教育、科学及文化组织负责执行的国际公约建制，以保存对全世界人类都具有杰出普遍性价值的自然或文化处所为目的。世界文化遗产是文化的保护与传承的最高等级，世界遗产分为世界文化遗产、世界文化与自然双重遗产、世界自然遗产3类。

> 自我国于 1985 年 12 月 12 日加入《保护世界文化与自然遗产公约》缔约国行列以来，截至 2019 年 7 月，我国已有 55 项世界文化和自然遗产列入《世界遗产名录》，其中世界文化遗产 37 项、世界文化与自然双重遗产 4 项、世界自然遗产 14 项。在世界遗产名录国家排名第一位。
>
> 大家熟悉的长城、北京故宫、莫高窟、秦始皇兵马俑、布达拉宫，还有我们曲阜的孔府、孔庙和孔林等都是世界文化遗产。

济南素有"七十二名泉"的说法，很多人并不知道，其实还有一处"七十三泉"。据了解，济南市博物馆珍藏的古画《潭西客夜图》，为"七十三泉"提供有力佐证。这幅古画在 2019 国际泉水文化景观城市联盟会议上公开亮相，让更多人了解到了它的内涵与价值。

《潭西客夜图》局部

## 色香味美泉城小吃

　　同学们好，我是今天的小美食家大宝。说起济南的美食，我可是专家内行。对许多游客来说，让人口舌生香、久久难以忘怀的济南名吃，大概既不属于"四大菜系"，更未上过"满汉全席"谱单，而是不起眼的"小吃"。这些小吃，不仅使人过腹不忘、回味无穷，而且也很好地体现了泉城人的习性和嗜好、民风与性格。今天，就让我带你到济南最有名的小吃一条街——芙蓉街去大饱口福吧！

人山人海、热闹非凡的芙蓉街

**你知道吗？**

　　芙蓉街，北起济南府学文庙，南至泉城路，因街中芙蓉泉而得名，长432米，平均宽约6米，是济南市的老商业街，全国最著名的小吃街之一，被誉为"齐鲁第一小吃街"。

乡·韵·乡·情·泉·城·味·儿

首先,请大家品尝一下济南油旋。油旋是一种旋涡状葱油小饼,刚出炉的油旋色泽金黄,内软外酥,葱香扑鼻。

### 起源小故事

相传油旋是清朝时期的徐氏三兄弟(今齐河县人)去南方闯荡时在南京学来的。油旋在南方的口味是甜的,徐氏兄弟来济南后依据北方人的饮食特点将油旋的口味改成咸香味,一直传承至今。清代顾仲编著的《养小录》中这样记载油旋的制作:"和面作剂,擀开。再入油成剂,擀开。再入油成剂,再擀如此七次。灶烙之,甚美。"

同学们,甜沫和油旋可是一对"黄金搭档",吃油旋可不能忘了它,赶紧盛上一碗尝尝鲜!

老济南的"五香甜沫"

甜沫是济南传统的大众粥类食品,是一种以小米面为主熬煮的咸粥,济南人又俗称之为"五香甜沫"。

说起甜沫的由来,还有一个小故事呢!其实"甜沫"原为"田沫",明末战乱大灾,是济南一位田姓大善人设粥厂赈灾时"发明"的。其中有一位书生,后来考取了功名,专程来济答谢田员外当年救命之恩,题写"五香甜沫"匾额一块,并吟诗一首:"错把田沫作甜沫,只因当初历颠连;阅尽人世沧桑味,苦辣之后总是甜。"从此之后,这"五香甜沫"的名号便广泛传播开来了。

### 趣味小故事

甜沫和老济南的"八宝酱菜"也是绝美搭配,民间还流传着乾隆与纪晓岚用甜沫和酱菜作对联的故事呢!据传,当年纪晓岚陪乾隆皇帝三下江南,途经济南。有一次,君臣在大明湖欣赏湖光山色,兴之所至,要操练对对子,规定必须用济南话且富有济南特色。一向以文武全才自居的乾隆,想难为一下这个素来狂傲不羁的"纪大烟袋",琢磨了半天,先出了一个上联,曰:"咬口黑豆窝窝,就盘八宝咸菜,可谓岗赛(好)。"言罢,便等着看老纪出何洋相。纪晓岚沉吟片刻,即朗声唱吟道:"吃块白面馍馍,喝碗五香甜沫,不算疵毛(差)。"

乡·韵·乡·情·泉·城·味·儿

同学们，济南的小吃中最有名的、普及最广的恐怕就是烤串了，它遍布大街小巷。

芙蓉街的烤串种类繁多，如烤羊肉、烤鱿鱼、烤虾、烤火腿、烤鸡翅等，应有尽有，保证你吃一串想两串，吃两串想三串。

**泉泉告诉你**

烤串虽然好吃，但也不能多吃和经常吃。烤串的调味料比较辛辣刺激，容易使人上火，还容易损害人体的口腔黏膜和胃肠黏膜，造成口舌生疮和脸上起包等症状。从营养学角度讲，长期吃烤肉会导致维生素C的缺乏，牙龈容易出血，维生素$B_2$也会缺乏，造成口角炎、唇炎和舌炎，甚至脂溢性皮炎。另外，腌制的肉类经过烧烤，会产生亚硝胺类致癌物质。

同学们，济莱融合后，莱芜划入济南市，作为泉城的一部分，莱芜地区也有很多小吃，我们一起来认识一下吧。

口镇方火烧、热豆腐　　　　陈楼糖瓜　　　　莱芜香肠

### 泉泉告诉你

陈楼糖瓜始于清代同治年间,因产于杨庄陈楼而得名。糖瓜是用黄米、黏谷米和大麦芽等按一定比例混合,经过熬糖、拔糖、成型、粘芝麻等工序制作而成。其形状像瓜样故名糖瓜,口感香甜粘脆,纯天然高营养,无任何食品添加剂,所含的麦芽糖还具有止咳化痰的功效。2009年9月,陈楼糖瓜被评为第二批省级非物质文化遗产,2011年10月被评为"莱芜名吃",2012年被评为"山东地方名吃"。2015年,入选中央电视台《舌尖上的中国》栏目。

今天大家品尝了这么多好吃的,一定口渴了,我就带大家喝碗大碗茶解解渴吧!

"泉水大碗茶"将浓郁的民俗特色和泉水资源有机结合,使用当天采取的干净泉水泡制,使用统一茶品茉莉花茶,根据茶壶容量大小,每升茶水至少放25克茶叶,冲泡次数不超过3次,入口清香,回味无穷。

**学无止境**

济南美食小吃种类繁多、口味各异，让我们饱足了口福。除了以上说到的这些，还有草包包子、孟家扒蹄、坛子肉等，需要我们迈开双脚，自己去寻找。在享用这些美食的同时，我们要深深感谢为我们制作这些美食的爷爷奶奶、叔叔阿姨们，是他们的辛勤付出、辛苦劳动给我们带来了味觉盛宴。我们更应该为能够成长在这个伟大的时代而感到骄傲，珍惜现在的幸福美好生活，努力学习，积极实践，为祖国的繁荣昌盛贡献自己的力量！

同学们，你的家乡有什么特色的美食，说说吧！

## 声动泉城曲山艺海

孩子，爷爷今天带你去大观园吧，那里可是个繁华的地方，过去有说书的、唱戏的、捏面人儿的、拉洋片儿的，好不热闹！

这就是大观园的大门，够气派吧！

 **你知道吗？**

济南大观园建于1932年，距今已有八十多年的历史，它的名称取自清代著名小说《红楼梦》，寓意美好吉祥。作为济南曲艺文化的集聚地，园内的晨光茶社、共和厅说书场、曲艺厅等汇聚了众多曲艺形式、大家名角。

乡·韵·乡·情·泉·城·味·儿

除了评书、相声，鼓子秧歌也是我们济南特有的表演形式。你看他们舞得多开心啊！

鼓子秧歌发源于济南市商河县，有两千多年的历史了。每年的元宵节，是鼓子秧歌演出活动的高潮日。秧歌队伍庞大，人数众多，角色各异，锣鼓齐鸣，热闹非凡，一般的秧歌队有一百多人。2006年5月20日，鼓子秧歌经国务院批准，被列入第一批国家级非物质文化遗产名录。

我是你们的小导游甜甜，下面的介绍交给我吧。我们先来看看柳子戏。大家好好欣赏一下吧！

### 智慧星

柳子戏表演形式粗犷豪放，风格独特；人物、动作设计惟妙惟肖，生活气息浓厚。你知道有几种角色吗？

生　　　　旦　　　　净　　　　丑

我国各民族地区的戏曲剧种有三百六十多种。

我们再来听一听山东梆子。你们知道梆子是个什么物件吗？

梆子，又名梆板，是一种汉族打击乐器。大家看到的这几种只是其中的一少部分。

乡·韵·乡·情·泉·城·味·儿

同学们，你们看剧中的人物是不是惟妙惟肖、生动形象啊？

山东梆子是山东一个古老的汉族戏曲剧种，至今已有三百多年的历史，具有很强的地域特征。它唱腔优美，激昂高亢，突出的特点是花腔多、甩腔多。2006年，山东梆子成功入选首批省级非物质文化遗产名录。

同学们，山东琴书是山东地区汉族曲艺品种之一，又称"唱扬琴"或"山东扬琴"。

山东琴书属于坐唱形式的汉族曲艺。表演时一般为二至五人，演唱时坐成八字形，扬琴居中，其他乐器分列两旁。

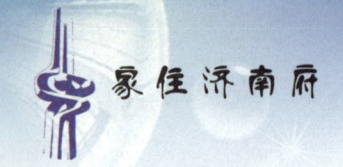

**泉泉告诉你**

山东琴书传统代表性节目很多，长篇有《白蛇传》《秋江》《杨家将》《包公案》《大红袍》等，中篇有《王定保借当》《三上寿》《梁祝姻缘记》等，短段儿多为早期小曲子节目中传承下来的经典之作。

2006年5月20日，山东琴书经国务院批准列入第一批国家级非物质文化遗产名录。山东琴书文化底蕴丰厚，对吕剧的发生、发展产生过重大影响，是山东吕剧的直接母体，历史文化价值比较独特。但如今它的发展遇到了前所未有的困难，急需加以保护和扶持。

大家对面塑艺术都不陌生吧。我们经常说捏面人，有的同学还亲手做过，下面我就带大家去深入了解一下。

面塑艺术早在汉代就有文字记载，在汉族民间也叫面花，是在民俗节日中用作馈赠、装饰的礼物或饰品，经过几千年的传承和发展，可谓历史渊源流长，早已是中国文化和民间艺术的一部分。面塑的形象多是传统戏曲、经典名著、民间传说、神话故事、儿童卡通中的人物以及十二生肖和其他动物，比如刘备、关羽、张飞、福禄寿、八仙、嫦娥、哪吒、

唐僧师徒、杨家将、水浒英雄、十二钗、白毛女、葫芦娃等。当然时代发展也会影响面塑的创作，如2008年面塑艺人创作的北京奥运会吉祥物"福娃"惟妙惟肖，深受人们的欢迎。

### 智慧星

面塑不仅有欣赏价值，还具有很强的社会教育功能。人们可以通过面塑的孙悟空、猪八戒、白娘子、穆桂英、水浒英雄等形象了解背后的神话传说和历史故事，潜移默化地增长知识、启迪智慧。小伙伴们，抓紧行动吧，亲手做个自己喜欢的面人。

### 学无止境

济南的民俗、曲艺资源非常丰富，是我们中华民族悠久历史文化的积淀，是凝聚民族精神的瑰宝。但随着时光流逝和时代发展，许多曲艺形式和民间手工艺面临着后继无人、濒临失传的尴尬境地。一代人要有一代人的责任，一代人要有一代人的担当，小伙伴们，我们要把民族文化传承好、发扬好，让接力棒在我们手中继续传递下去。从现在开始，让我们走出课堂，走进街巷，拜曲艺名家为师，向民间艺人学习，为优秀中华传统文化的传承贡献自己的一份力量！

同学们，了解了济南这么多的曲艺、风俗，你有什么样的感受呢？动手写一写吧！

# 第三单元　日新月异泉城范儿

泉城济南，一个充满诗情画意的都市，一处风景优美的观光胜地，一座源远流长的文化古城。它有拔地而起的摩天高楼，也有古色古香的长街短巷。古老的泉城留给我们丰富的历史文化资源。作为现代化的省会城市，济南的经济迅速发展，城市建设日新月异，展现出生机勃勃、充满活力的新形象！

## 探秘老城区

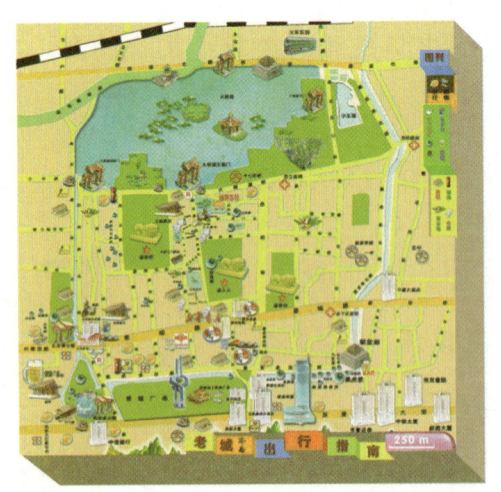

济南老城区是指护城河以内的区域，即现在的北到明湖北路，南至黑虎泉西路，西到趵突泉北路，东至黑虎泉北路一带。济南古城区始建于汉代，至清代时已形成了完整的城市布局。济南古城的地理位置以及依山傍水、泉水众多的自然环境，使得济南的城市建筑既有北国建筑的深厚淳朴，又具江南水乡的轻巧灵秀。后来受到西方文化的影响，还出现了一些中西结合形式的建筑。

### 泉泉告诉你

始建于汉代的济南护城河，在历史上具有重要的战略防御功能，同时还具有运输、排涝、观赏等作用。这条河是国内唯一一条由活水汇流而成的护城河，现全长6.9千米，全线贯通，将黑虎泉、趵突泉、五龙潭和珍珠泉四大泉群揽入怀中。泉水纷纷汇集流入济南护城河，构成独特的城市风貌。济南护城河以它的灵动包容、细腻隽永，承载着这座城市的厚重历史和风韵。

## 古迹传承

尊经阁

大成殿

### 济南府学文庙

府学是中国古代官方为培养人才而兴办的学校。文庙是古人祭祀儒家学派创始人孔子的庙宇。自唐以后，文庙与府学合而为一。在科举时代，文庙是来自全省考生赴考的必经之地。济南府学文庙是历代济南文化、教育的中心，与山东曲阜孔庙、江苏南京六合文庙、苏州文庙并称"中国四大文庙"。现在它是济南市重要的传统文化传承基地和爱国主义教育基地。

济南府学文庙创建于宋熙宁年间（公元1068~1077年），历史上曾数次被毁又数次重修。金代时，府学文庙曾因战争遭到严重破坏，元末倾塌。明洪武二年（公元1369年）重建，成化十九年（公元1483年）拓建，后又经数代重修，到明末，建筑布局已臻于完善。清代对文庙的修葺不断，但基本保持了明代文庙的规模和建筑布局。文庙建筑规模宏大，总长247米，宽64~66米。整个建筑以大成门和照壁为中轴对称展开，沿中轴线自南而北是照壁、大成门、泮池、棂星门、大成殿、明伦堂、尊经阁，中轴线两侧有乡贤祠、节孝祠、名宦祠、崇圣祠等建筑。

"府学文庙开放庆典"活动现场

"齐鲁青年成人立志"活动现场

> 文庙曾经藏身于济南市大明湖路小学，我小的时候还在大成殿里上过音乐课呢！

  你知道吗？

济南市大明湖路小学建于20世纪50年代，当时利用的是济南府学文庙旧址。建校时，文庙内建筑大都已不复存在，仅存的大殿也随着学校的建立而藏在了校园中。2005年9月，有关部门开始对文庙进行"千年大修"。根据统一安排，学校于2007年暑假迁出文庙，与泉城路小学、珍珠泉小学一并迁入历下区按察司街66号，三校合一，更名为济南市大明湖小学。

## 闹市中的百年老宅——金家大院

金家大院建于1910年左右，是清末历城县令金有大的宅子，是济南少有的二层楼式四合院。金家大院的设计风格为中西合璧，窗户模仿了西式窗子的形状样式。墙上的浮雕运用了很多独具中国特色的元素，比如有富贵寓意的牡丹，有多子多孙寓意的葡萄，有喜庆寓意的狮子滚绣球等。这些细节古色古香，建筑整体结构也保持着古韵古风。

史料有详细记载：金家大院原宅由四个院落组成，大门位于东南角，进门后是前后两进正院，前院两侧为东西厢房，前后院之间为穿堂式楼房，经穿堂楼

可进入后院的四合楼。与正院平行的是西套院，前为平房三合院（无东厢），后为小花园，花园北边则是建有地下室的两层小楼。不同于现代的建筑，金家大院有着古人独特的设计理念。

**城市见闻**

### 繁华了四百年的古街巷——宽厚里

宽厚里，位于济南市泉城路核心地段，得名于宽厚所街。其前身为"王府南街"，街区里曾建有东西两座小王府，是明朝德王开府后所建，主要用于德王外出消遣时的临时行宫。街上存有十余所老济南风格的四合院，因此也有"民居博物馆"的美誉。宽厚里完整的保留着省级文物保护单位：济南唯一的两层四合院"金家大院"和会馆建筑"浙闽会馆"。

2015年改造后的宽厚里浓聚老济南民居缩影，注入现代文化元素，充分体现了文化、旅游、商业相结合的特点，古色古香的建筑间，布局着时尚新潮的酒吧、别有韵味的茶楼。古老的大院和历史的场景穿插到现代的生活之中，让宽厚里这条仿古街有了穿越时空的韵味，已成为济南一张城市旅游形象的新名片。

> 老济南的民居以四合院为主，很有特色！

## 家住济南府

老济南的四合院，以一进的居多，具有小巧玲珑、古色古香的特点，尤其是受了泉水的滋润，更透出一股清雅之气。这类四合院一般按照南北中轴线，对称地布置房屋院落，并特别重视门楼的方位和样式。坐北朝南的院子，门楼位于东南角；坐东朝西的院子，门楼位于西南角。门楼的起脊处，都做成花脊，两端的蝎子尾高高翘立，轻盈舒展。一般都有正房三间、东西厢房各三间、南屋两间或三间。四个方位的房屋都各自独立，互不相连。

济南城里的四合院大都建于清末以前，代表着一段久远而又厚重的历史。从某种意义上讲济南的老四合院是老城历史的缩影，可以说没有四合院，就没有完整的济南历史。

**探究在线**

我想选择一处有特色的古建筑，研究一下它的历史变迁。

最能体现老济南生活特点的地方是哪儿？

济南老城区现在还存有哪些古建筑？

我们生活在现代都市，为什么还要保护古建筑呢？

**资料卡**

| 古建筑名称 | 浙闽会馆 |
|---|---|
| 现地址 | 黑虎泉西路 23 号 |
| 修建时间 | 清同治十三年（公元 1874 年） |
| 修建人及用途 | 由在济南的浙江、福建商人集资修建，每逢节庆之日，浙闽官绅集聚于此，进行募捐、议事、祀神、会餐、请戏班唱戏等，热闹非凡。1934 年《济南大观》载："浙闽旅鲁同乡会，主办人钱德沛。地点南马道。" |
| 会馆结构 | 会馆由一山门、二山门、戏台、中殿、后殿、后山门等组成。 |
| 保存情况 | 在济南 19 处会馆建筑中，浙闽会馆是保存最完整的建筑。 |
| 历史变迁 | 新中国成立后，会馆成为省第四招待所，后改为济南市殡仪馆，20 世纪 60 年代又用作旧书库，70 年代为工厂所用。之后曾被济南市一家贸易公司占用过，2007 年由济南市政府出资修缮，现为济南市国资委老干部活动中心。 |

**泉泉告诉你**

"芙蓉街—曲水亭街"历史文化街区，是现存唯一保存较完整的具有老济南风貌的历史街区。据考证，公元前 1100 年前后，这里就成为古城济南的核心区域。到 19 世纪中叶，仍为济南府最繁华之地，商贾聚居，多有豪门大宅。清末民初，这里更成为济南市行政、经贸和文化中心，高墙大院、威严府衙之外，又有了会馆洋行，以及蜚声海内外的明湖居等。这一地区保留下来许多弥足珍贵的历史文化遗存，是古城济南的精华所在，也是政府着力保护的历史文化遗产。

## 昔日王府园林，今日泉水人家

珍珠泉大院是济南著名的城市园林，位于济南市老城区市中心，南望千佛山，北邻大明湖，因院内有济南七十二名泉之一的珍珠泉而闻名遐迩。珍珠泉大院距今已有七百多年的历史。金末元初，珍珠泉大院是山东行尚书省兼兵马都元帅、知济南府事张荣的府邸。明初，珍珠泉大院为山东都指挥司，后修建成德王府。明末，清兵攻入济南，王府建筑大部分被焚毁。清初，时任山东巡抚的周有德在珍珠泉原德王府旧址上修建了巡抚衙门。辛亥革命后，珍珠泉大院先后成为山东都督府和督军署、督办署，最后为国民党山东省政府。1938年12月，日本军队逼近济南，济南守军弃城而走，珍珠泉大院也被战火焚毁。1948年9月，济南解放，珍珠泉大院真正回到了人民手中。1951年，珍珠泉大院在战争废墟上重新进行了整修，逐渐恢复了城市园林的风貌。1953年新建了珍珠泉礼堂（现人民会堂），珍珠泉大院开始成为山东省和济南市重要的政治活动中心。1974年12月建立了山东省人民代表大会常务委员会，珍珠泉大院成为山东省人民代表大会常务委员会所在地。

年代久远的古建筑是历史的见证，是泉城济南的"魂"，保护好它们，就能保留住我们老济南的味道！

 **旧貌新颜**

汇泉寺街

秋柳园街

这些记忆中破旧的民房和街道已经变身为美丽的大明湖新区！

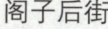
阁子后街

 **你知道吗？**

　　说起济南最重要的一条路，当属泉城路。泉城路因济南别名"泉城"而得名，是一条集购物、旅游、娱乐于一体的标志特色路，同时也是济南最繁华的商业步行街。整条路是由长条石基铺成，极具特色美感。

## 象住济南府

泉城路是济南市内环线以内三大东西交通干道之一,连接着城市的东西两翼;它是泉城特色标志区内最重要的枢纽,山、泉、湖、城环绕四周;它是一条文化的街道,历史悠久、底蕴深厚;它还是济南20世纪以来商业发展的见证和代表,承载着济南商业发展繁荣的梦想,寄托着泉城市民的厚望。

世茂国际广场

宽厚里街区

泉城路东首的世茂国际广场、宽厚里热闹非凡,这一片改造前是什么样子的呢?

宽厚所街

历山顶街

武库街

日·新·月·异·泉·城·范·儿

同地不同时的百花洲，你更喜欢哪一个呢？

**快乐行动**

设计好一天或者两天的旅游计划，周末就可以行动喽！

济南老城里有这么多值得品味的地方，真该好好去看看！

**行程推荐**

### 济南老城古巷一日游

1. 游览大明湖新区

领略"四面荷花三面柳，一城山色半城湖"的美丽景象。

2. 游老城古巷

百花洲—曲水亭街—西更道街—腾蛟泉—王府池子街—张家大院、王府池子—起凤桥街—马市街（远观府学文庙）—泮池—辘轳把子街—芙蓉街。

漫步济南老街古巷，感受《老残游记》中"家家泉水，户户垂杨"的独特风貌。

**温馨提示**

周末外出一定要征求父母的意见，或者和爸爸妈妈一起快乐出行！

3. 一阁一泉一老街

登解放阁，参观济南战役纪念馆。

游黑虎泉，看泉眼如珠冒起，听黑虎泉奔涌之畅快。观池水溢出，泻入护城河，形成瀑布。

漫步宽厚里，品地方传统美食，赏别具一格的仿古建筑群，寻找老济南市井生活缩影，感受泉城悠久历史与崭新文化的碰撞。

**泉城路逛街计划**

方向：由东往西

路线：世茂国际广场 → ☐ → ☐ → ☐

## 有趣的街名

城市道路是城市的坐标，道路名称也就成了城市坐标的标志。济南的道路名称很有特色，有的诗情画意，有的生活韵味十足，有的充满浓厚的文化底蕴。随着城市的发展，城市道路更宽阔、更美观、更便捷、更现代，新建道路的名称也更有时代感。充满诗意和新鲜感的路名让泉城济南形象更丰富，特点更鲜明。

# 日·新·月·异·泉·城·范·儿

### 泉泉告诉你

  济南有多少条老街巷？一种较为流行的说法是"九街十八巷七十二胡同"，这不过是说街巷之多，并不是一个精确统计的结果。

  在清光绪二十八年绘制的《省城街巷全图》上，所标示的济南城内街巷已有160余条，当时城外的街巷也达到150余条。这些街名多数一直延续到20世纪七八十年代，后来在街名合并及旧城改造中约有半数消失了。

  据调查，现在济南的老街老巷有500多条，它们是老济南的脉络，是老济南的触角。在济南这座历史文化名城发展的过程中，老街老巷沐浴时代风雨，承载人间悲欢，感受岁月沧桑。这个城市的许多历史故事其实就是在一条条的老街上发生的。老街，记录着这座城市的骄傲与遗憾，也珍藏着人们的回忆与梦想。

##  街名故事

  济南的许多街道名称十分有趣，从中，我们可以寻觅到老济南的悠长韵味和田园情怀。

## "鞭指巷"的由来

鞭指巷是济南老城区西北部一条古老的南北向小巷，路面较窄，宽约3米，长约200米，巷南口在泉城路上，北至双忠祠街。

鞭指巷名字的来历有两种传说，非常有故事性。传说清康熙、乾隆年间，济南手工业有了很大发展。当时马是主要代步工具，鞭指巷处于各级衙门附近，为供应马具，逐渐形成了以皮革为原料制作鞭子、缰绳、马鞍并售卖的街巷，人们俗称为"鞭子巷"。因"鞭子巷"听起来不雅，后来取谐音改为"鞭指巷"。

还有一种传说是：清乾隆皇帝下江南，每次都驻跸（bì）济南，游览泉城名胜，同时备换趵突泉水下江南。一次骑马路过巷口，见商品琳琅满目，街面整洁，十分高兴，扬鞭指问随侍："这是何处？"时任内阁大学士的刘墉见皇帝兴致甚高，即随机应变说："万岁御鞭所指，可名为'鞭指巷'。"于是大小官吏急忙谢恩，全城百姓也以为幸事，此后，该巷改名为"鞭指巷"。

 你知道吗？

济南的街巷名称雅俗共赏，十分有趣。

例如，剪子巷、箅子巷、菜市街等反映的是居民的生活；金菊巷、芙蓉街、曲水亭街有文人墨客般的风雅；还有以官衙府第命名的后宰门街、布政司街（现省府前街）、按察司街；以军队命名的南营街、武库街；与明清两代乡试和科举考试有关的贡院墙根街、榜棚街、县学街；与山有关的佛山街、朝山街、历山路；有些街巷名称来源于一些历史事件、传说、典故，如鞭指巷、秋柳园街（清代诗人王士祯在大明湖天心水面亭组织秋柳诗社，遂称这一带为"秋柳园"）、仁智街（取自"仁者乐山，智者乐水"）。

此外，还有些街巷名称既简单，又形象：非常窄的巷子叫墙缝巷；非

贡院墙根街

常短的巷子叫耳朵眼巷；又窄又长的巷子叫竹竿巷；头大尾小的巷子叫牛头巷；拐了一道弯的叫镰把胡同；拐了两道弯的叫轳辘把子街；拐了三道弯的叫三曲巷；拐了好多个弯的叫九曲巷、十八拐；一横一竖的叫丁字街；横竖多条的叫棋盘街。

## 闵子骞路

在济南东部有一条贯穿南北的路，它南起解放路，北接洪楼南路，南北长不足1500米，宽仅数丈。然而就是这样一条极其平常的路却有着不寻常的内涵，拥有源远流长的历史文化和厚重的人文沉淀，承载着城市的发展和变迁，是济南市唯一一条以历史文化名人命名的马路，这就是闵子骞路。

30多年前，这里还是济南甸柳庄的庄稼地，甸柳庄的村后是一片荒冢墓地，孔子弟子闵子骞的墓便在其中。20世纪80年代初，随着改革开放，经济发展，城市扩容，原来的庄稼地陆续建起了工厂。1986年又在此处辟地建成了以观赏花卉为主题的百花公园，昔日的那些断壁残垣、简陋的村宅民居也被一栋栋住宅楼所替代，其间的羊肠小道拓宽成了宽阔平坦的柏油马路，为纪念闵子骞，便将此路命名为"闵子骞路"。

闵子骞路文化墙

闵子骞是古代有名的孝子，他的故事教育了一代又一代的人！

## 纵横阡陌的"经纬路"

济南道路以"经纬"命名，这在全国较为少见，其"经纬"和地理意义的经纬完全相反，更独树一帜，成为特色。

济南的经纬命名源自"织物"长短称谓，"长者为经，短者为纬"。对于济南道路以经纬命名，济南市志上早有记载。1904年，胶济铁路建成通车，清政府勘定西关外一区域作为济南商埠。当时的商埠区境界东西长约2500米，南北则不到1500米。而在当时，济南纺织业较为兴盛，根据古时织物"长者为经，短者为纬"的称说，就命名商埠区内的东西方向道路为"经"，从北以铁路为限的"经一路"向南依次排列；把南北方向的道路命名为"纬"，从东起十王殿的"纬一路"依次向西排列，与经路垂直相交。而经纬之间的短纬路一般命名为小纬路，现在，济南仍有小纬二路、小纬六路。

初建时的商埠中的经纬路并没有现在这么多条，1916年仅有经一路、经二路，纬一路至纬五路总共7条道路。到了1921年，济南商埠区又向西扩展至纬十路，向南扩展至经七路。20世纪30年代，现在的大观园附近区域，也就是经二路至经三路、纬二路至纬四路之间的交叉地带，形成商埠的商业区。这里南有大观园，北有火车站，东有新市场，西有万紫巷和中山公园，区域内的电影院、戏院几步一处，老商号鳞次栉比。当时在星期天或节假日里，逛逛经二路、经四路就已经成为老城区市民假日生活的一部分。

今天，济南经纬路早已经突破了铁路的限制，从经一路到经十一路，从纬一路一直排到纬十二路，经纬道路数量越来越多。一南一北的经十路、经一路，是横亘市区的主干道，而大纬二路则贯通南北。在济南城市交通布局中，经纬道路仍然占有重要地位。

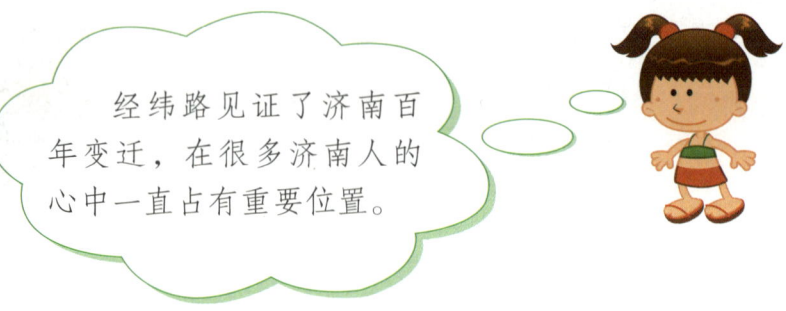

经纬路见证了济南百年变迁，在很多济南人的心中一直占有重要位置。

**探究在线**

- 由道路名称能看出道路的特点吗?
- 哪些道路是根据济南的地名和位置来命名的?
- 我想收集更多济南老街名字背后的故事!
- 济南的东西新城发展很快,那里的街道是怎样命名的呢?

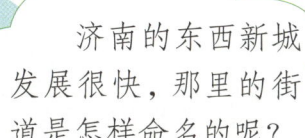

**你知道吗?**

### 用城市命名的道路

青岛路、威海路、日照路、烟台路……这是济南西客站片区内的道路的名字,济南西客站是京沪高铁的重要枢纽,是济南重要的对外窗口和门户,正是考虑到西客站片区的功能特点以及历史文化沿革,济南市民政局区划地名处在道路命名的规划编制中,本着好找好记、方便实用的原则,充分考虑了齐鲁特色和济南本地的文化特色,以山东省17个城市对这一区域的道路进行了命名。

 **泉泉告诉你**

　　南门附近有条离明街。之所以称"离明",是因为这条街上原有一座火神庙,火,不仅"明",而且在《易经》中属"离"卦,故有此街名。同样,大明湖附近的后宰(厚载)门街,其名也是取自《易经》中的"坤"卦:"地势坤,君子以厚德载物。"又如历山顶街,有街是建在古历山之顶的传说;三曲巷,有"两山(墙)夹一井"的传说;长春观街,有"先有长春观,后有济南府"之说;东长盛街,有"长盛街上打春牛"之谚语——旧时每年开春日,县太爷都要来此,举行"执鞭打春牛(纸扎的)"仪式,并向民"劝耕"祈祝五谷丰登。

 ## 道路变迁

一条路的发展变化,能看出一座城市的发展状况!

### 大话经十路

　　说起现在的经十路,她就像趵突泉、大明湖、千佛山一样,逐渐成为济南的标志之一。然而,20世纪80年代的经十路可不是现在这个样子。那时的经十路只有双向四道通车,如果不是来来往往的电车,你会以为自己身在一个普通的城市,很难感受到省会城市应有的气息。

　　几十年过去了,经十路还是经十路,但她却发生了很多变化。经十路变得更宽了。2004年由四车道变成了六车道,现如今又拓宽为双向八车道至十车道。经十路变得更长了。纵贯东西,以前只有10多千米长,现在分为经十东

路、经十路和经十西路三部分,西接长清,可直达高铁客运站,东连章丘,将高新科技发展区贯穿其中。白天,她承载着川流不息的车流,向人们展示着济南的青春活力;夜晚,她又给古老的济南披上了美丽的丝纱,让人感受着她的神秘,给人以无限的遐想。经十路变得更美了。以前的经十路只是一条路,现在的经十路则是一条花园式的路。两旁绿树成荫,花草成片,特别值得一提的是经十路东首的燕山立交桥,美与和谐在这里达到了完美的统一。正所谓"立交桥下有小桥,小桥旁边有溪流;绿树成荫隔不断,另有洞天在眼前"。

经十路是一本书,记载了济南辉煌的昨天;她又是一只帆,把济南引向美好的未来……

2004年改造前的经十路

2004年改造后的经十路

现在的经十路

## 高架绕城　高速发展

1998年10月1日,济南首条高架路——顺河高架建成通车,2007年和2009年,北园高架、二环东路高架先后建成通车,2013年二环西路高架通车运行。2017年12月27日,二环东南延长线建成通车,泉城快速路闭环成网,达到105千米。

《山东省综合交通网中长期发展规划(2018-2035年)》将济南交通网络规划为"三环十二射",由内环、中环、外环和十二条射线组成,总里程约846千米。"内环"以二环高架快速路为主;"中环"为绕城高速;"外环"为绕城高速二环线;"十二射"为由济南向外延伸的十二条高速公路。济南现代化综合交通网络正快速形成。

2019年6月5日,济南地铁2号线全面开建,建成后的2号线是山东省首条无人驾驶的地铁线。

### 城市见闻

2019年4月1日,济南轨道交通1号线开通运营,标志着济南真正进入了地铁时代。5月20日,济南市政府网站对《济南市城市轨道交通第二期建设规划(2019～2024年)》环境影响评价进行第二次公示,接下来的5年,济南再建7条轨道交通线,将串起济南西站、济南东站、济南站、长途汽车总站、济南机场,以及CBD核心区、唐冶片区、汉峪片区、新旧动能转换先行区等重点区域。

### 快乐行动

我想考察一下家和学校周围路的名称、特点以及发展变化情况。

家远的同学上学放学会经过很多条道路,画一张从家到学校的实用地图很不错!

### 特别提醒

1. 地图上的方向:上北下南,左西右东。
2. 写清楚道路名称。
3. 设计好图例。

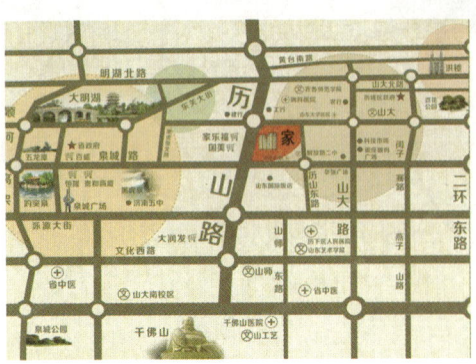

日·新·月·异·泉·城·范·儿

## 泉城靓名片

济南,历史悠久,名胜众多。千佛山、趵突泉、大明湖作为泉城的特色景观,在城市的快速发展进程中依然焕发着勃勃的生机。古城中那些凝聚、积淀老济南历史感和文化特性的经典景观,因重修再建,展现出崭新的姿容。"泉城广场""东荷西柳"等现代人文景观的相继涌现,充满着浓郁的时代气息,承载着济南美好的未来,展示着城市的现代与文明。

 泉城地标

### 泉城大客厅

泉城广场是山东省省会济南市的中心广场,有"泉城大客厅"之称,是国内首个被命名为"国际艺术广场"的城市广场。泉城广场地处山、泉、河、城怀抱之中。环顾四周,北览旧城区古风新貌,西观趵突泉喷涌潺湲,南眺千佛山青翠绵亘,东望解放阁清雅如画,它是市民休憩盘桓之胜地。广场东西长约780米,

南北宽约230米，占地约17万平方米。自西向东主要组成有：趵突泉广场、济南名士林、泉标广场、下沉广场、颐天园及童乐园、滨河广场、荷花音乐喷泉、四季花园、文化长廊、科技文化中心及银座购物广场等十余部分。

 **你知道吗？**

在泉城广场的正中央，矗立着一座高大的泉标——大型钢制异形曲杆主体雕塑《泉》。它高38米，重170吨，在广场主轴与榜棚街副轴相交处拔地而起，为国内所罕见。它取篆书"泉"字之神韵，三股形似清泉的造型辗转上升，

恰与济南市市标的创意相合。地面铺装图案源自史籍对城池的描述，并配置七十二股涌泉及四组泉群。凝固的"泉"与喷涌的泉自"城"中磅礴而起，体现了泉城的风采，寄托了泉城人对家乡的无限热爱之情。

泉城广场晚上的喷泉景色漂亮夺目，到济南不赏喷泉，可以说是一件憾事。

## 荷花音乐喷泉

荷花音乐喷泉位于泉城广场东部,是广场的主要景观之一。在圆形水池中,盛开着一朵巨大的金属荷花,水自水池及荷花中喷射而出,形成大小无数个喷泉,最高的达数十米,景色蔚为壮观。西部也有四组喷泉,寓意济南的"四大名泉",七十二个小涌泉,寓意"七十二名泉",并钉有济南"七十二名泉"的名牌,游人在这里可以感受到泉城的"泉文化"。

## 东荷西柳

"东荷西柳"是对山东济南奥体中心总体布局的形象描述。济南奥体中心位于东部新城区,北起经十路,南至龙奥北路,东起奥体东路,西至奥体西路,占地面积81公顷,总建筑面积约35万平方米,共投资30亿。

体育场在西边,呈"柳叶"造型;体育馆、游泳中心、网球中心在东边,呈"荷花"造型。体育场拥有6万个座席,建筑面积达14.7万平方米,配套建设田径训练场和足球训练场各1处。体育馆拥有1万个座席,建筑面积达5.9万平方米,配套建设热身馆、训练馆各1个,室外篮球训练场18处。游泳中心拥有4000个座席,建筑面积达4.7万平方米。网球中心拥有4000个座席,建筑面积达3.1万平方米,配套建设决赛、半决赛及训练场地共21处。中心区广场建筑面积达5.5万平方米,分为商业平台和地下车库两个功能区。

## 省会文化艺术中心

省会文化艺术中心是济南最大、最高端的文化设施集群,"一院三馆"包括大剧院以及图书馆、美术馆和群众艺术馆。

山东省会大剧院位于威海路南侧,占地约 6 万平方米,从东到西呈三个半球状排列,分别为歌剧厅、多功能厅和音乐厅。北侧另有三座高层配楼。

"三馆"在大剧院北侧,相隔一条威海路。与大剧院的三个半球状建筑不同,三馆则是不规则的、棱角分明的三座建筑,呈三角形排列。三个场馆高度不一,其中南侧的美术馆最矮,只有 4 层楼。北侧群众艺术馆与图书馆东西并列,群众艺术馆最高,有 6 层楼。三个场馆在一起,就像是趵突泉的三股泉眼,这也正体现了三馆的设计理念"泺蕴泉涌"。

山东省会大剧院

金碧辉煌的歌剧厅

### 泉泉告诉你

山东省会大剧院歌剧厅舞台总面积接近 1000 平方米,高 52 米,其中地下深 15 米,歌剧厅舞台呈"品"字形外观,分为主舞台、东舞台、西舞台和后舞台。每个舞台都可以移动,演出过程中,可以根据需要,将其他舞台平移到主舞台位置。据了解,后舞台里还隐藏了一个芭蕾舞台,当主舞台下沉时,芭蕾舞台可以伸出,压到主舞台上。

主舞台由 6 块小舞台组成,是省内首个具有倾斜功能的大舞台,每块小舞台可以同时升起并倾斜到 45°角,以达到不同的演出效果。

# 日·新·月·异·泉·城·范·儿

大剧院里有很多精彩剧目陆续上演，有很多适合同学们去看！

探究在线

为什么说泉城广场是我们济南的"大客厅"呢？

济南建设的新地标一定是非常先进的，也一定能体现泉城特色！

能代表济南发展和特色的事物就会成为"泉城新名片"。

还有哪些建筑成为了我们济南的标志性建筑？

## 济南东、西高铁站

济南西站，又称济南西客站，位于济南市槐荫区齐鲁大道6号，是京沪高速铁路、石济高速铁路和胶济客运专线的客运站，是京沪高速铁路五个始发站点之一。2011年6月30日，济南西站随京沪高速铁路建成启用，总建筑面积为10万平方米，站场规模为8台17线（远期预留1台1线），站房设计日最高聚集人数4000人。

济南东站，位于济南市历城区鲍山街道，是青太客运专线的中间站，济青高速铁路、石济高速铁路、济滨城际铁路、济莱高速铁路、济泰城际铁路的始发枢纽站。2018年12月26日建成启用，站台规模为13台27线，总规模为17.48万平方米，设计日最高聚集人数5500人。济南东站是集铁路、公交、地铁、出租车等为一体的现代化区域性综合交通枢纽。

## 城市见闻

济南中央商务区又称济南CBD，位于经十路城市发展主轴上，处于济南市东部新城核心区域，毗邻山东省博物馆、奥体中心，总面积约3.2平方千米，是济南市着力打造的集区域金融中心、总部聚集中心、区域创新中心为一体的城市新中心。

CBD主要分为中央活力区、总部商务区以及经十路北、经十路南的金融商务区四个区域。CBD核心区域有五座超高层建筑，呈月牙状环抱中央绸带公园，分别象征济南"山、泉、湖、河、城"的独特自然资源，利用建筑形态充分展现泉城风貌特色和文化内涵，塑造泉城新地标。

日·新·月·异·泉·城·范·儿

我们的城市越来越高啦！中央商务区"山、泉、湖、河、城"的五座楼中，428米寓意"山"的绿地山东国际金融中心在我们济南又创出新高度！

 **辉煌盛事**

济南奥体中心是我国第十一届运动会主赛场，承接了很多精彩的体育比赛！

### 中华人民共和国第十一届运动会

中华人民共和国第十一届运动会，简称十一运会，于2009年10月16日至10月28日在山东省举行，运动会设33个大项、43个分项、362个小项，包括28个夏季奥运会项目、4个冬季项目以及武术项目，在全部362个小项中，马拉松比赛在北京举办，速度滑冰、自由式滑雪分别在沈阳和长春举办，其余354个小项在山东17个赛区举行。共有46个代表团的12000名运动员参加，规模超过前十届。

 你知道吗？

2019年8月8日至10日，2019国际泳联游泳世界杯（济南站）在济南奥体中心举行。国际泳联游泳世界杯是国际泳联最高规格赛事之一，赛制完备，群星云集。本站比赛共有来自20个国家和地区的229名运动员参加，设男子、女子共计34项个人比赛及接力项目。国际泳联年度最佳运动员、奥运冠军、世锦赛冠军、世界纪录保持者等众多世界级知名选手

悉数亮相，为广大泳迷献上了一场泳坛视觉盛宴。

2019年1月12日，中国·济南第七届冬季畅游泉水国际邀请赛暨国际冬泳世界杯晋级赛点燃冬季大明湖。来自美国、俄罗斯、英国等31个国家和地区的近千名冬泳选手齐聚大明湖，畅游国际冬泳赛。济南冬季畅游泉水国际邀请赛已成为国内外知名的品牌冬泳赛事活动，2019年被纳入国际冬泳世界杯晋级赛，成为国内冬泳赛事活动的标杆。

2019年国际马拉松赛事来到了泉城济南！

## 泉城马拉松

2019年11月2日，泉城（济南）马拉松鸣枪开跑。来自全球20多个国家和地区的2万名跑友，在赛道上感受泉城济南的独特魅力。此次马拉松是济南市举办的首届国际性马拉松赛事，赛事被中国田协核定为A1类赛事，设马拉松、半程马拉

松、迷你马拉松3个项目。首届赛事的参赛人数为：全程马拉松6000人，半程马拉松超过8000人，迷你马拉松6000人。赛事给古色古香的济南添上了一道流动的靓丽风景，泉城（济南）马拉松成为展现济南综合发展水平的一个窗口和平台。

 快乐行动

> 这次马拉松比赛三个项目,都是从哪儿开始,到哪儿结束的?

> 我们研究一下路线图就知道了!

 城市见闻

### 嬴秦文化学术研讨会

2019年11月23日至24日,中国·济南第三届嬴秦文化暨中华嬴秦文化园规划研讨会在嬴秦祖里——济南市莱芜区隆重召开。来自北京、陕西、河北、河南、四川、甘肃、山西、山东等地的80多位先秦史领域的考古学、古文字学、历史学专家学者出席会议。这是继2011年、2017年两届嬴秦文化研讨会之后,再次围绕嬴秦文化研究举办的全国性学术盛会。

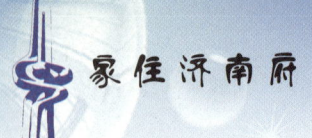

据考证,秦始皇的老家在济南市莱芜区羊里镇城子县村,这里被称为"伯益第一封地·秦皇第一祖里"。

这些大型活动吸引了大量的外地朋友来到济南,也让济南走向全国、走向世界!

### 快乐行动

怎样让更多的人认识、了解泉城济南的发展变化呢?

那就快快行动起来吧,制作一张别具特色的名片,来展示济南的特色和发展。

### 温馨提示

1. 制作以图为主、配有简短文字的名片,图片要有代表性,文字上一定要抓住家乡济南的发展变化,阅读起来朗朗上口。
2. 制作以文字描述为主的名片,要突出、体现济南的特点,全面、概括地介绍家乡济南发展的情况。

## 美好的蓝图

济南，山东省省会，国家历史文化名城，是全省的政治、经济、科技、文化、教育、旅游中心，区域性金融中心，全国重要的交通枢纽。

新一轮城市总体规划确定了济南的发展方向和目标，未来济南将扬起山东崛起的龙头，争创国家中心城市和美丽宜居泉城。我们的济南将会成为具有独特自然风貌、深厚历史文化底蕴的"大强美富通"现代化国际大都市！蓝图已绘就，风正好扬帆。

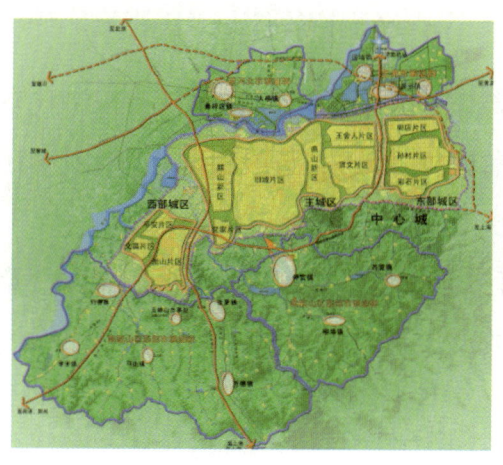

**泉泉告诉你**

2019年济南市启动了新一轮城市发展战略规划即《济南城市发展战略规划（2018-2050年）》的编制，未来济南将以创新和开放为重点，以新旧动能转换为主线，建设全国新旧动能转换先行区，构建面向"海权＋陆权"时代的双向开放格局，促进济南成为新时代的"创新先锋"。根据规划，济南未来的发展有了时间表。2025年，济南将建设"大强美富通"现代化国际大都市取得重大进展，成为新兴的国家中心城市；2035年，济南基本建成"大强美富通"现代化国际大都市；2050年，济南全面建成更高水平"大强美富通"现代化国际大都市。

### 城市见闻

2018年1月，国务院批复了《山东新旧动能转换综合试验区建设总体方案》。济南市肩负着引领全国新旧动能转换的国家使命。2019年1月，国务院批复同意山东省调整济南市莱芜市行政区划，撤销地级莱芜市，将其所辖区域划归济南市管辖。至此，济南市共辖12个县级行政区，包括10个市辖区、2个县，分别是市中区、历下区、槐荫区、天桥区、历城区、长清区、章丘区、济阳区、莱芜区、钢城区、平阴县、商河县。

在新旧动能转换的大潮中，在济莱行政区划调整的背景下，新时代济南的发展被赋予了更多的责任和使命。济南城市发展进入北跨黄河、南跃泰山的时代，"一体两翼多点"的空间格局正逐步形成。

"一体"为泰山和黄河之间的济南中心城区，由主城区、高新组团、章丘组团、临空组团、长清组团构成。中部主城区定位为世界级的文化魅力地区，济南的文化艺术、旅游休闲、商业商务集聚区。

"北翼"为黄河以北的北岸先行区，定位为山东新旧动能转换综合试验区的样板，全国重要的科技产业创新基地，国际一流的现代绿色智慧新城。

"南翼"为泰山以南的莱芜区和钢城区，定位为省会城市副中心、济南新旧动能转换先行区的南翼、带动鲁南发展的桥头堡。

## 生态南山　诗画南山

南部山区是济南名泉形成的重要源头,济南的水塔、绿肺和后花园,总体定位为济南市生态功能保护区和绿色发展示范区,承担以下四项主要职能:

第一,水源涵养。加强对水源地、泉水渗漏带的保护和监管,切实保护好济南市的泉源和水塔。

第二,资源保育。统筹实施山水林田湖草系统治理,有效保护自然资源,合理适度开发利用。

第三,风景营造。依托地形地貌安排特色种植,塑造优美大地景观,把南部山区营造为山清水秀、风景如画的都市后花园。

第四,休闲旅游。挖掘自然与人文景观资源,发展生态休闲、乡村度假产业,打造济南市休闲养生度假胜地。

大小门牙

四门塔

你知道吗?

《济南市南部山区"多规合一"规划(2017—2035年)》中指出,南部山区总体目标愿景为"生态南山、诗画南山"。到2020年,生态保护和绿色发展初见成效;到2025年,初步建成生态保护与绿色发展区;到2035年,全面建成人与自然和谐共生的生态文明建设典范。

 探究在线

新旧动能转换是什么意思？需要好好地研究一下！

每个区域有不同的发展方向！

我们生活在哪个区？未来的发展是怎样的？

我们济南哪里最适合居住呢？

 泉泉告诉你

多年来济南始终坚持"东拓、西进、南控、北跨、中优"的总体战略，"东拓""西进""中优"战略取得显著成效，以泉城特色风貌带为核心的中心城区和以中央商务区为核心的东部城区、以西客站为核心的西部城区构成了"一城两区"总体框架；"南控""北跨"战略深入推进，对南部山区实行保护为主、生态优先，北部以建设全国新旧动能转换先行区为使命，坚持创新驱动，促进产业升级。泉城济南旧城更新不断推进，城市交通不断改善，生态保护不断加强，风貌特色不断显现，公共配套不断完善，城市文明不断提升，每一位泉城人为生活在这样的城市感到幸福和骄傲！

## 保护与建设

### 历史文化名城保护

济南"因泉而生、泉城共生",是第二批国家历史文化名城,拥有2600多年建城史和4000多年文明史。济南保护与发展并进,彰显"古城与商埠并举,山、泉、湖、河、城一体"的城市特色,努力打造为历史文化底蕴深厚、具有国际知名度的国家历史文化名城。济南历史文化名城保护工作主要有六个方面:市域历史文化遗产的保护;历史城区的保护;历史文化街区及传统风貌区的保护;文物保护单位、历史建筑和近现代优秀工业遗存的保护;泉水文化景观及泉域的保护;非物质文化遗产及优秀传统文化的保护。

 你知道吗?

2006年,济南启动泉水申遗,2019年,济南泉·城文化景观再次成功入选《中国世界文化遗产预备名单》,泉·城文化景观保护自此迎来一个新的起点。申遗的核心是保护泉城特色,在坚持不懈的申遗过程中泉城济南被越来越多的人了解和认识,正一步步走向世界!

怎样才能了解更多的城市发展的规划情况呢?

我们一起去参观济南城市规划展览馆吧!

## 展馆介绍

### 济南市规划展览馆

济南市规划展览馆位于济南经十路19288号全民健身中心鲁商广场A座，建筑面积达2000平方米，由地上一层和地下一层组成。

济南市规划展览馆以"泉上名郡·山水新城"为展示主题，运用先进设计理念和现代化技术手段，以图板、多媒体、影视等多种表现形式，通过"潇洒济南""海右风华""泉城演进""规划蓝图"四个板块以及总体规划模型和3D影片《泉水之城 活力之都》进行布展介绍，集中展示济南市特色风貌、历史文化、城市演变、建设成就、城乡规划等内容。

### 温馨提示

1. 可以跟爸爸妈妈去参观，也可以和同学们一起去参观。
2. 集体参观前要提前进行联系。
3. 参观时要保持安静，不要大声喧哗。

# 第四单元　诚实诚信泉城人儿

"海右此亭古，济南名士多。"从古至今，我们济南有许多名人志士闻名中外。他们当中既有为中国和世界所称颂的名人、大家，也有于平凡的岗位、日常生活中，用敬业和爱心谱写最朴实却又最动人生活的爷爷奶奶、叔叔阿姨，还有许许多多我们的同龄人……他们同是济南的骄傲。今天，就让我们走近这些可爱的家乡人，了解他们的故事，为最美家乡人点个赞！

## 胸怀家国的济南名士

> 孩子，你知道吗？我们泉城济南人杰地灵，自古就涌现出许多勤学敬业、孝亲爱国的名人志士。他们通过自己的不懈努力和不断进步，不仅使自己成就卓著，而且在政治、思想、军事、文化、艺术等各个领域为祖国甚至世界作出了重大贡献！

> 我在一些济南的名人纪念馆了解过一些名人的故事。爷爷，今天我们就走一走，看一看，了解更多济南名士的生平和故事吧！

## 心系家国的济南"二安"

李清照,号易安居士,汉族,山东济南章丘人。李清照是我国宋代女词人,婉约词派代表,有"千古第一才女"之称。李清照的词作自辟途径,语言清丽;她的诗作部分篇章感时咏史,情辞慷慨,和她的词风有所不同。

 故事传真

### 父母教诲

李清照出身书香门第。父亲李格非官至礼部员外郎,是博学通史的学者和文学家。母亲王氏是状元王拱辰的孙女,通诗善文。资质聪颖的李清照受到良好的家庭环境熏陶,特别是父母的教诲、父辈诸友的指导和栽培,自幼即博览群书,吟诗作文。

### 词坛绽秀

李清照才华横溢,她的词被称为"词家一大宗",词作善于表达女性情感,力求完美的艺术境界。她的作品婉笃感人,被人誉为"不徒俯视巾帼,直欲压倒须眉"。

### 志同道合

李清照18岁嫁给了21岁的赵明诚。赵明诚聪明博雅,特别喜欢收集金石字画。两人结婚以后,琴瑟和谐,夫唱妇随。

### 流寓江南

1127 年，金人大举南侵，青州兵变，北宋朝廷崩溃，李清照跟随丈夫赵明诚流寓江南。之后她经历了丈夫去世、金华避难、国破家亡、颠沛流离……故此写下"生当作人杰，死亦为鬼雄。至今思项羽，不肯过江东"的千古绝唱。

**泉泉告诉你**

李清照是济南章丘人，她本人并没有在济南市区生活过。因为李清照词集名为《漱玉集》，趵突泉公园就在漱玉泉边建立了李清照纪念堂。

全国共有四处李清照纪念馆，除了济南趵突泉的一处，其他三处分别在济南章丘、潍坊青州和浙江金华。其中章丘的李清照纪念馆规模最大。

**诗词撷英**

### 夏日绝句

［宋］李清照

生当作人杰，

死亦为鬼雄。

至今思项羽，

不肯过江东。

【译文】

活着要做人中的豪杰，死了也应是鬼中的英雄。人们到现在还思念项羽，就是因为他不肯偷生回江东。

【背景介绍】

北宋靖康元年（公元1126年）八月，金兵再次进攻开封，不久开封陷落。第二年二月，金人废黜宋徽宗、宋钦宗，北宋灭亡。南宋建炎元年（公元1127年）十二月，青州兵变，李清照与丈夫数十年收藏的金石古玩字画付之一炬，仅有少数留了下来。背负着亡国之恨、丧宝之痛的李清照对金人入侵和一味求安、东渡保全自己的南宋政府表示了强烈的愤慨。于是这位外弱内刚的女子就借项羽当年垓下战败却宁死不肯回到江东的史实，暗讽南渡偷安的赵构朝廷。

李清照这样一个文弱女子，在家国受难之时却表现出如此的气节与勇敢。从这首诗中，你有怎样的体会和感悟呢？

孩子，你知道吗？南宋时还有一个与李清照齐名的辛弃疾，也是我们济南人。辛弃疾能文能武，是著名的爱国词人。

### 辛弃疾活捉叛徒

辛弃疾字幼安，号稼轩，1140年生于历城（今山东省济南市历城区）。辛弃疾出生时，北宋灭亡已十多年，同时又是南宋朝廷仓皇建都临安后第十四年，中原沦陷已成定局。在饱受外族欺凌的情况下，自幼就立志长大了要为民族报仇雪恨的辛弃疾，少小便养成了一身任侠之气。他识文，同时更能习武，酷爱兵书，素好研习古人的兵法存亡之道。据史书记载，辛弃疾天生异禀，且身体壮健

诚·实·诚·信·泉·城·人·儿

如牛,活脱脱一个智勇双全的英雄模样。

那时候,山东有个农民叫耿京,组织了一支起义军抵抗金兵。辛弃疾非常敬佩耿京,就加入了耿京的队伍。起义军在他们二人的领导下,打了许多胜仗,队伍也不断壮大。谁知此时军队里却出了个叛徒张安国,暗杀了耿京。辛弃疾又悲又怒,发誓一定要活捉张安国,为耿京报仇。

一天晚上,辛弃疾挑选了五十名勇士,骑快马向金营直奔而去。金营里灯火辉煌,张安国正在跟两个金将喝酒猜拳。他们看见辛弃疾和勇士们拿着刀剑冲进来,吓得魂都没了。辛弃疾一个箭步上前,把张安国从桌子底下揪了出来。大伙儿一拥而上,把张安国绑得结结实实,拉出了营帐。

营帐外面站了许多金兵,看辛弃疾威风凛凛的样子,谁也不敢上前。辛弃疾把叛徒绑在马后,带着勇士们冲了出去。

 你知道吗?

辛弃疾是我国南宋伟大的词人和爱国者。他与苏轼齐名,并称"苏辛"。又因其字幼安,史上与李清照并称"济南二安"。

## 戎马峥嵘的卫国志士

古往今来,济南的爱国志士还有很多。我们可以在济南的很多地方了解他们的生平和故事。

五龙潭公园 秦琼庙正厅 秦琼塑像

秦琼（595-638），字叔宝，唐代著名将领。他武艺高强、忠心护主，为唐朝开国立下了不朽的功勋；他为人豪爽、通晓大义，为朋友"两肋插刀"，赢得了千年美名。秦琼是济南人，他的青少年时期都是在故乡度过的。在济南流传着很多秦琼的故事，他是济南人的骄傲。

## 泉泉告诉你

"济南名士知多少，君与恩铭不老松。"革命先辈董必武手书的《忆王尽美同志》，镌刻在济南市五龙潭公园里王尽美和邓恩铭高大的花岗石雕像下的石碑上，记载了这两位年轻的革命先烈的丰功伟绩。

1921年7月，王尽美和邓恩铭出席了中国共产党第一次全国代表大会。同年9月，两人共同发起建立了济南马克思学说研究会。1922年1月，两人作为中共代表出席了共产国际在莫斯科召开的远东各国共产党及民族革命团体第一次代表大会。

王尽美和邓恩铭作为山东早期党组织的创始人，为了中国人民的解放，为了共产主义事业而奋不顾身地工作，呕心沥血，把自己的生命奉献给了革命，奉献给了人民。

五龙潭公园 王尽美、邓恩铭烈士雕像

诚·实·诚·信·泉·城·人·儿

刘仲莹（1911-1938）原名刘盛玉，化名范明生、李济安。莱芜县鹁鸽楼村（今属济南市莱芜区）人。后迁居口镇担任中共山东省工作委员会书记。

1929年，刘仲莹考入济南省立高中，结识了在校任教的左翼作家胡也频，经其引荐，阅读了《共产党宣言》等马列主义著作。1930年5月，他随胡也频到上海，在复旦大学当旁听生；同年底，加入中国共产党。

1931年，刘仲莹受中共党组织派遣，回莱芜开展党的地下工作，建立中共莱芜特别支部，任书记。1932年秋，任中共莱芜县委书记。1933年初，中共山东省委遭到破坏，刘仲莹变卖田产作为经费，到济南、上海等地寻找上级党组织。

1935年10月，中共莱芜县委代理书记刘伯戈、委员周茂森叛变，刘仲莹及时安排大部分共产党员转移、隐蔽。1935年底，他与赵健民、黄仲华等人组建中共山东省临时工作委员会，任书记。1936年4月，中共北方局委派黎玉任山东省委书记，刘仲莹担任省委巡视员，具体领导鲁西北地区的党建工作，先后建立了冠县县委、冠县中心县委和莘县、堂邑、南馆陶等特区区委。1937年4月，中共鲁西北特委成立，刘仲莹任宣传委员。1938年3月，刘仲莹病逝。

 **善思敏行**

古有华夏祖先舜帝、神医扁鹊、名相房玄龄，今有铁骨铮铮的辛铸九、"一孟皆善"孟洛川、"国学大师"季羡林、独树一帜的书法家舒同……泱泱五千年，敬业、爱国、诚信、友善的济南名士灿若星辰。到书中、网络上去广泛了解更多济南名士的事迹，与小伙伴交流感悟吧！

# 勤劳质朴的父老乡亲

我的妈妈是一名教师，她每天都要早早地到校迎接学生，每天要备课、上课、批改作业，节假日还经常到学生家中进行家访。我的爸爸是一名科技工作者，神舟飞船返回舱表面所用的隔热材料，就是他与他的同事们经过上千次的实验研制出来的。我还知道身边有许多叔叔阿姨、爷爷奶奶，他们和我的父母一样，在平凡的岗位上辛勤劳动着。

 **寻访爱岗敬业标兵**

 **城市新闻**

### "最暖民警"

2018年11月12日下午3点多，师范路解放军第960医院门前的辅道上，济南天桥交警大队三中队的何旭正在路口执勤，一名80岁左右的老奶奶出现在路口，老人手里提着很重的包，脚下也不稳，甚至差点趔趄摔倒。看到这一幕，何旭马上跑了过去。他帮老人提着包，老人牵着何旭的手，一老一少往马路对面走去。何旭摘下手套，一边护着老人前行，一边温暖着老人的手。

何旭善良的举动打动了无数网友，他被大家亲切地称为"最暖民警"。

"最暖民警"何旭是济南交警中的普通一员。济南交警顺应时代发展潮流，内强素质，外树形象，以崭新的面貌、严整的警容、规范的指挥、文明的管理、热情的服务，树立了交通警察的良好形象，在全国引起强烈反响。1997年11月26日，济南交警被国务院授予"严格执法、热情服务交警支队"荣誉称号，成为最具人文魅力的城市名片，是泉城济南的"活文化"。

诚·实·诚·信·泉·城·人·儿

　　规范文明执法、塑造温暖警队是新时期济南全体交警共同的价值追求，"标尺哥"杨明星、"奔跑哥"刘海洋、"铁臂哥"惠淼、"摆渡哥"杨富臣、"最暖民警"何旭、"平民英雄"王玄飞……是他们让一幕幕感人的故事不断在上演。二十多年来，济南交警先后获"全国五一劳动奖状"和"严格执法，热情服务交警支队""全国先进基层党组织""模范交警支队""全国文明单位"等称号。

| 英姿飒爽的济南交警 | 严肃指挥，一丝不苟 | 恶劣天气始终坚守 |

 **善思敏行**

　　我听说过"标尺哥"杨明星叔叔的事迹！他的执勤地点离我家很近，我想去采访他。

　　我们可以去离学校最近的经七纬二路口，慰问在那里执勤的"女子中队"的阿姨们。

　　你知道24小时无人"智慧警局"吗？我妈妈单位旁边就有一个，我想周末的时候去参观一下。

　　除了"济南交警"，泉城还有哪些闪光的城市名片？我想去找一找。

105

### 行动指南

要想做好一次采访活动,准备工作很重要。采访前要做哪些准备工作呢?

1. 选择好采访的对象;
2. 确定好采访的内容,列出采访提纲;
3. 准备好采访工具,如记录表、纸、笔、录音笔等;
4. 提前与被采访人联系,确定采访时间和地点。

采访提问时应注意的问题:

1. 采访前要对采访对象做充分了解;
2. 提问要围绕主题;
3. 提问要简洁而具体,不泛泛而谈。

**温馨提示**

周末外出一定要征求父母的意见,或者和爸爸妈妈一起快乐出行!

**故事传真**

#### 生死线上的排爆专家

张保国,是济南市公安局特警支队作训处排爆中队负责人。20年来,他先后完成重大活动防爆安检、备勤任务1200余次,成功处置涉爆现场110余次,排除爆炸装置和可疑爆炸物140多个,鉴定、排除、销毁各类炮弹、炸弹等4000多发(枚),销毁废旧雷管30余万枚、导火导爆索51万余米,用鲜血和生命为党和人民筑起了一道坚不可摧的铜墙铁壁。某次事故使得张保国全身8%的面积烧伤,脸部二度烧伤,双手深二度烧伤,落下七级伤残。张保国经历了两次住院治疗,多次植皮、矫正手术，身上留下两道50厘米长的疤痕。然而，时隔仅仅两个月，还在鬼门关前徘徊挣扎的张保国，又回到了排爆的工作岗位上。

在一次次生与死、血与火的考验中，张保国凭着过人的胆识和精湛的技术与"死神"搏斗，为保护国家和人民群众生命财产安全、维护济南市社会稳定作出了突出贡献。张保国先后荣获"全国公安系统一级英雄模范""全国优秀人民警察""最美退役军人"等称号，被授予"中国青年五四奖章"，荣立个人一等功1次、二等功5次、三等功3次。

## 追随无私奉献模范

 心灵启迪

### 敬业奉献的大国工匠

刁统武，是中国重汽集团济南卡车股份有限公司车身部的钳工高级技师。从业20余载，他刻苦自学、努力钻研，练就了通过"听、摸、看"快速发现设备故障、熟练解决设备难题的过硬本领，一步步从一名普通的维修工人成长为企业技术攻关带头人。他擅长解决驾驶室焊接过程中的各种技术质量难题，熟练掌握气动液压和焊接设备以及各种故障的排除方法。以他的名字命名的"刁统武创新工作室"利用创新工作室平台，潜心钻研实用技术，不断攻克各种难关，掌握了诸多"人无我有、人有我优、人优我绝"的创新绝活，带出了一支有理想守信念、懂技术会创新、敢担当讲奉献的创新工人团队，并荣获多项国家专利及荣誉奖项，为企业作出了突出贡献。他主持和参与的《A7-T7H驾驶室焊装工装多车型切换与改进》等多个项目荣获国家专利、济南市质量管理成果奖和

中国重汽科职工技术创新成果奖。他也荣获了"全国五一劳动奖章""全国'十大创新工匠'""山东省富民兴鲁劳动奖章""齐鲁金牌职工""山东省首席技师""山东省技术能手""第七届全省道德模范""济南市劳动模范"等多项荣誉。

孩子,你知道吗,张保国、刁统武是济南千千万万普通劳动者的代表,他们所具有的爱国、敬业、诚信、友善等优秀品质在我们身边劳动者身上同样可以找到。像你的妈妈,一心为学生着想,就是一名深受学生和家长喜爱的好老师。"最美的人"就在我们身边,就是这些勤劳质朴的家乡人。

爷爷,我明白了,做好最平凡的事情,对他人、对社会有益,也是非常了不起的!

同学们,我们身边也有许多这样的人,一起来找一找吧!

故事传真

### 雷锋战友传承善举数十载

2019年5月5日,长清区中心小学的孩子们来到刘成德纪念馆参观,与雷锋相遇,向刘成德同志学习,践行雷锋精神,争当新时代好少年。

刘成德爷爷是长清区归德街道薛庄村人,他曾是雷锋的战友。刘成德牢记雷锋嘱托,处处以雷锋为榜样,走到哪,就把好事做到哪。在部队,他忘我工作、热心助人,积极帮助困难群众和战友,先后荣记二等功2次,

三等功3次，获得"五好战士"等荣誉称号。在企业，他立足平凡岗位，干一行爱一行，以钉子的"挤"劲和"钻"劲搞技术创新，为企业创收20余万元，并热心帮助困难职工，受到企业干部职工的广泛好评。退休后回村，他坚持28年做村里的"义务清洁工"、连续7年在村子拐角处当"义务交警"，连续十几年为五保老人孟庆泉送菜送饭，接济和帮助过村里十多名困难群众……

多年来，刘成德还走遍济南200多所中小学，深入大专院校、部队、企业、机关，讲述雷锋故事，弘扬雷锋精神，引导更多的人践行雷锋精神。他说，无论时代如何进步，学雷锋，做好事，对社会和谐和安定都有着积极意义。

斯人已逝，他身上的雷锋精神却将长存，践行雷锋精神的脚步不会停歇。在刘成德的影响和带动下，"全国优秀检察官"孟红伟、"中华全国孝亲敬老之星"马春梅、"全国优秀退休干部"赵金川、"中国好人"董孟英、"全国优秀乡医"唐友泉等一批又一批的后来者，正循着他的路径，沿着他的足迹，成为雷锋精神的接班人，共同将学习雷锋的旗帜高高举起。雷锋精神正化为中华民族伟大复兴的巨大力量。

让我们接过前辈们的美德接力棒，继承雷锋精神，关爱他人，友善待人，让生活更加美好，社会更加和谐！

### 生命的托举

2019年7月27日一早，商河县郑路镇褚集小学语文老师伦学冬与家人一起前往烟台旅游。

在烟台金沙滩公园旅游景区，伦学冬带着儿子乘船出海游玩。在离岸边大概五十米的地方，同船的一名11岁男孩看到了自己的妹妹，便兴奋地站了起来，却不慎跌入海中。伦学冬见状毫不犹豫地跳入大海施救。由于男孩较为壮实，而伦学冬身材不算高大，一时无法将落水男孩救上游船。伦学冬只好拼尽力气托举男孩，避免男孩呛水窒息，自己却因为力竭沉入水中。

在听到呼救声后，景区内的救援队队员立刻前往事发海域营救，将男孩和伦学冬救援上岸。男孩的身体并无大碍，但伦学冬却因为力竭和呛水过多失去生命体征。在场的工作人员立刻对伦学冬实施心肺复苏抢救，并拨打120送医抢救。但令人遗憾和惋惜的是，当天下午，伦学冬还是永远地离开了人世。

伦学冬老师以自己高尚的道德品质践行了舍己为人、见义勇为的大爱精神，以英勇壮举生动诠释了"四有"好老师的深刻内涵，树立了新时代人民教师的光辉形象，党和政府永远不会忘记他，广大人民群众永远不会忘记他。

# 小名士传递正能量

**暖心寄语，殷切期望**

"少年儿童从小就要立志向、有梦想，爱学习、爱劳动、爱祖国，德智体美全面发展，长大后做对祖国建设有用的人才。"党的十八大以来，习近平总书记多次以"大朋友"的名义寄语"小朋友"，为少年儿童指引成长方向。

伙伴们，你们知道吗，新时代的济南少年儿童继承先贤的优秀品质，遵照总书记的殷殷嘱托，全面发展、不断成长，涌现出了一批又一批受人称赞的"小名士"。

## 全国十佳少先队员

1998年5月28日，灯火辉煌的北京人民大会堂正在举行的全国第三届宋庆龄奖学金颁奖仪式上，一名叫兰珍妮的失聪女孩受到了黄华、何鲁丽等领导同志的亲切接见，并在颁奖仪式上代表全国获奖学生做唯一的典型发言！虽然她讲话时发音不很清晰，但人们听到的，分明是一个11岁女孩在生命的琴弦上奏出的最强音！

兰珍妮一岁半时因病致聋，但经过艰苦的语训和教育，能够进入学校和其他正常孩子一起学习。入学后，她加倍努力学习，各门功课都取得了好成绩，连续六年被评为三好学生。她不但学习好，而且还有绘画天赋。她的画曾十八次获得全国少年绘画大奖，并被中国青少年活动中心当作礼品送给了原韩国总统金大中。1997年，十岁的兰珍妮获得"全国第三届宋庆龄奖学金"，她把奖金全部捐献给济南市的特困生；1999年，她被评为"第六届全国十佳少先队员"，受到时任国家副主席胡锦涛的亲切接见；2001年，兰珍妮在泉城广场义卖自己的绘画作品，将得到的27000元全部捐助给失学儿童和希望工程；2003年，她当选共青团第十五次全国代表大会代表，后被评为"改革开放30年山东十大青年楷模"。

### 泉泉告诉你

"全国十佳少先队员"是当代中国少年儿童的崇高荣誉，由共青团中央、教育部、全国少工委和中央电视台共同授予。共青团中央、教育部、全国少工委和中央电视台号召全国少先队员向他们学习，学习他们热爱党，热爱社会主义祖国，热爱人民，立志成才的崇高理想；学习他们热爱科学，勤奋学习，刻苦钻研，善于思考，勇于创新的实践精神；学习他们热爱生活，不怕困难，自强自立的坚强意志；学习他们热爱劳动，诚实勇敢，关心集体，乐于助人的优秀品质。广大少年儿童要努力提高综合素质，在德、智、体、美等方面全面发展，努力成长为二十一世纪社会主义现代化建设的合格人才。

### 大数据

至2008年，"全国十佳少先队员"一共评选了十三届，共有130名优秀的少先队员获此殊荣。其中我们济南也有4位少先队员名列其中，成为大家学习的楷模。

他们是：

自立自强、热爱劳动的济南市光明街小学少先队员　边荣唐

热心助残，坚持不辍的济南市历城区唐王镇北殷小学少先队员　张寿禄

意志坚定、自强不息的济南市经二路小学少先队员　兰珍妮

热爱生活、勤于实践、全面发展的济南市燕山学校少先队员　李小楠

##  全国优秀少先队员

他叫杜沙海阔,是济南市历城区鲍山学校的优秀少先队员。他积极带头组织并参加了"我向习爷爷说句心里话""动感中队""争做新时代好队员"等少先队活动,以"红领巾小记者"身份参与了市两会采访。2017年,他在美国国际文化艺术节现场表演书法、国画。他还多次参加义卖活动,将所得捐赠给贫困地区。

品学兼优、全面发展的杜沙海阔连续获得"济南市市级三好学生""济南市十佳少先队员""全国优秀少先队员"等荣誉。

### 泉泉告诉你

自2009年开始,共青团中央、教育部、全国少工委决定联合表彰广大少先队员中的优秀代表,授予他们"全国优秀少先队员"荣誉称号。他们爱祖国,爱人民,爱中华民族,对党有朴素感情,能够立志为实现中华民族伟大复兴的中国梦而努力,思想纯洁,品行端正,素质全面,模范遵守队章,具有较强的创新精神和实践能力,兴趣爱好广泛,努力锻炼强健体魄,培养良好的心理素质,是少年儿童身边真实、可学的榜样。他们的事迹,充分体现了当代少年儿童按照党的要求"勤奋学习,快乐生活,全面发展"的精神风貌。

### 大数据

截至2019年,共评选5届1264名"全国优秀少先队员",其中不乏我们济南优秀少先队员的身影,他们分别是:

家住济南府

　　山东省济南市甸柳第一中学　牛承
　　山东省实验小学　徐涵茜
　　山东师范大学附属小学　葛宸伶
　　山东师范大学附属小学雅居园校区　杨子琪
　　山东省济南市历城区鲍山学校　杜沙海阔

 **新时代好少年**

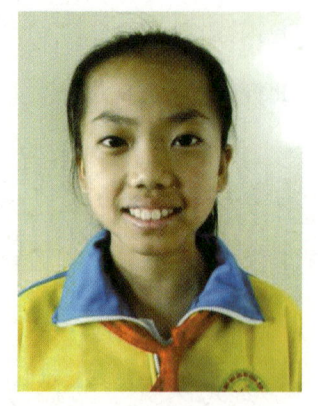

　　郑辛霖是济南市莱芜区吴伯箫学校的一名优秀少先队员，她诚实稳重，勤奋好学，懂事孝顺，乐于助人，有责任心，是一名品学兼优的好学生，作为学校的大队长，是老师的得力小助手。

　　上三年级时，她第一次跟随妈妈走进张家洼敬老院做义工。她被眼前的景象震惊了：这些老人有的眼睛看不清了；有的耳朵不太好使；有的坐在轮椅上，双腿不能动了……年迈、疾病、孤独伴随着他们。她用稚嫩的声音说："妈妈，这些老人这么可怜，我要经常来照顾他们。"

　　从此以后，她心心念念的总是这些老人，周末一有空就准备好自己喜欢的零食，买好水果，让妈妈带她去敬老院，陪老人聊天，给他们唱歌，表演节目，和大人一起包饺子端给老人们吃，一个小顽皮瞬间变成了一个懂事的"小大人"。她说："老吾老以及人之老，幼吾幼以及人之幼。我要把这些敬老院的老人当成自己的亲人来照顾。"

　　除此之外，她还把平时攒下的压岁钱给周围贫困的学生买学习用品；她把干净的旧衣和书籍整理好送到有需要的孩子手里……她坚持用一颗火热的心去温暖别人。

　　2019年，勤奋学习、全面发展、充满爱心、热衷公益的郑辛霖评为济南市"新时代好少年"。

诚·实·诚·信·泉·城·人·儿

**泉泉告诉你**

2018年以来，为深入贯彻落实习近平新时代中国特色社会主义思想和党的十九大精神，积极引导未成年人培育和践行社会主义核心价值观，着力培养担当民族复兴大任的时代新人，按照中央和省文明办安排部署，济南市在全市中小学校广泛开展了"新时代好少年"学习践行和选树宣传活动，每年评选两批。经过认真评选，一大批理想信念坚定、道德品质高尚、创新能力突出、自尊自立自强的先进典型相继涌现，为全市广大未成年人健康成长树立了标杆，做出了榜样，提供了示范。

看，这些小伙伴多棒！你身边是不是也有这样的好少年？用敏锐的眼睛发现他们吧！

## 选树自己身边的好少年

### 行动指南

1. 搜集这些好少年的事迹，与小伙伴们讨论一下，他们身上具有什么样的好品质值得大家学习。

2. 仔细观察，用心体会，身边是否也有这样的好少年，记录梳理他们的典型事迹。

3. 召开好少年事迹介绍会，宣传他们的典型事迹。

4. 在班级中或学校中评选身边的"新时代好少年"，号召大家向身边典型学习。

我想建议学校设立一面"新时代好少年"荣誉墙,宣传这些身边好少年的事迹。

这些好少年的事迹一定要有典型性,是真实、可学的榜样。

我还要把这些好少年的事迹介绍给更多的人,让大家都知道、学习他们。

没想到自己的身边就有这么优秀的好少年,我要好好向他们学习。

## 小义工担当大责任

诚·实·诚·信·泉·城·人·儿

在寒风中为助残义卖春联，在烈日下为贫困儿童义卖报纸，启动礼让"斑马线"文明行动，爱心献血，植树绿化荒山……这些人是谁？他们就是"泉城义工"！

## 走近"泉城义工"

在泉城济南，活跃着这样一群人：每个周末，他们都走向社区、街道和广场，为济南市民义务提供各类贴心的服务，他们有一个共同的名字——"泉城义工"！

自2005年8月"泉城义工在行动"开展以来，截至2018年底，注册人数已超过15万人，成立了130余支泉城义工服务团队，建立了90个社区活动站。

目前的泉城义工队伍中，包含了大中小学生、医生、律师、公务员、企业职工、记者、离退休专家等各行各业、各类人员，很多是由于一人参加，从而带动身边的人，成为义工家庭、义工班级、义工单位。为给济南的百姓提供更为专业、系统的优质服务，泉城义工还细化出了医疗保健服务团、心理咨询服务团、法律服务团、家电维修服务团、关爱父亲母亲服务团、泉城义工艺术团、大学生服务团、泉城义工少年团、爱心父母团、关爱留守儿童服务团、关爱脑瘫自闭症儿童

117

服务团、天使乐队、爱心艺术课堂等近50个特色服务团和服务项目。

在"展我所长、尽我所能、倾我热情、回报社会"的理念下，泉城义工开展了多种形式的活动。无论是严寒酷暑还是刮风下雨，泉城义工始终坚持每周日围绕主题"放心吧"和"泉城义工亲情拥抱福宝宝"等固定项目开展长期服务活动；开展"关爱父亲母亲""呵护孩子"等专题月服务活动；围绕扶贫、支教等特色主题开展志愿服务活动等。

如今，泉城义工正以自己的真诚奉献展现着泉城的和谐之美。

### 泉泉告诉你

"义工"是英文"volunteer"的中文译名，也叫志愿者，起源于19世纪西方国家的慈善服务，在世界上已经存在和发展了100多年，本质是"服务社会"，核心精神是"自愿、利他、不计报酬"。义工为改善社会环境而提供服务，贡献个人的时间、精力和个人技术特长。除一些特别服务项目要求外，义工是没有年龄限制的，任何人不论年龄大小，只要具备参加义工的基本条件，皆可自愿参与不同层次及能力要求的义工服务。

### 故事在线

#### 志愿者新春服务"不打烊"

泉城广场是济南的"城市大客厅"，这里不仅是济南市民休闲娱乐的好去处，更是每天迎接着来自全国甚至世界各地的游客到此"打卡"。在大客厅泉标的西北角，有一个小木屋，每天都会有一群人身着红马甲驻守在这里，用他们的默默奉献维护着大客厅的环境和秩序，用他们的周到服务和温暖微笑喜迎八方来客。这座小木屋就是泉城义工志愿服务中心，"红马甲们"就是泉城义工。

诚·实·诚·信·泉·城·人·儿

2019年春节期间，来自山东师范大学附属中学高二年级的学生们也参与到志愿服务活动中。他们虽然年龄不大，却都已经是名副其实登记注册的泉城义工。连续数日，同学们身穿统一的"泉城义工"红马甲，有的手拿一把小铲子，清除地面上的顽固污渍；有的顶着寒风驻守在广场出入口，热情地为过往游客、市民提供便利服务；还有的在周边公交车站，为大家提供咨询、引导大家有序乘车。

"这次假期实践活动，我们选择了志愿服务。作为高中生参加志愿服务，不仅是对我们个人能力的锻炼，更重要的是我们能为社会的文明进步作一份贡献。虽然我们力量有限，但是如果我们每个人都参与其中，将会凝聚一股强大的正能量，影响身边更多人。"参加志愿服务的泉城义工们是这样说的，也是这样做的。

## 我是"义工少年团"

在"泉城义工"这个奉献者的集体中，有许多和我们同龄的少先队员。他们组建了"泉城义工少年团"，做了许多有意义的事情，用自己的力量为社会作着大贡献。

## 共筑碧水蓝天，小小义工在行动

2019年7月5日下午，天气炎热，高温炙烤下的泉城广场上演着十分火热的一幕，来自济南外国语学校开元国际分校2016级3班的同学们齐聚泉标下，一起演唱《歌唱祖国》，用美妙又富有感情的歌声表达了大家高昂的爱国热情。

随后，"小手拉大手，共筑碧水蓝天"泉城小义工活动如火如荼地启动，大家拿起工具参与泉城广场环境维护。

虽然天气很热，但活动非常有意义，通过歌唱祖国更加激发了同学们的爱国热情。同学们说："在泉城广场维护环境让我们切身体会了保洁阿姨的辛苦，以后我们会更加爱护环境，从自身做起，并呼吁身边的人一起做文明市民，为'国家文明城市'贡献自己的一份力量。"同时孩子们还提到了对垃圾分类的了解，爱护环境，从小抓起！

一同参与活动的学生家长们也纷纷表示，孩子应多参与类似的义工活动，让孩子们多了解文明发展，一方面可以为咱们济南的"大客厅"环境维护作出一份贡献，另一方面也能让孩子们更加懂得爱护环境，做文明市民，共筑碧水蓝天，让泉城更美丽，祖国更美好！

## 爱心义卖公益行

1985年12月5日，第40届联合国代表大会通过40/212号决议，从1986年起每年的12月5日定为国际志愿者日（IVD），亦称"国际义工日"。

在第32个国际志愿者日到来之际，济南市天成路小学2016级2班的泉城小义工们一起参加了"齐鲁志愿者爱心义卖捐助新疆孤儿院公益行"活动。

伊宁县福利院坐落于新疆维吾尔自治区伊犁哈萨克自治州伊宁县吉里于孜镇，共有149名不同年龄段的青少年儿童。住在福利院的儿童或失去双亲，或所在家庭极端贫苦无力抚养孩子。

在义卖活动中，济南市天成路小学的小义工们表现出了热情、勇敢、有礼貌等优秀品质，通过自己的努力用了40分钟筹得329元善款，获得了社会人士的一致好评。

"星星之火，可以燎原"，泉城义工少年团也呼吁大家能够一起参加到慈善活动中，以自己的微微荧光，为他人带去一点光亮与温暖！

 **善思敏行**

> 我报名参加了今年春天的泉城义工植树活动,光荣地成为一名"泉城小义工"。用自己的双手栽种下小树苗,让荒山变绿,我觉得非常高兴。

> 我也想成为一名泉城小义工,为大家、为社会做自己力所能及的有意义的事情。

## 活动推介

1. 组织义工小队,清洁社区卫生。
2. 去敬老院慰问老爷爷、老奶奶,为他们带去快乐。
3. 关爱身边的小动物,为小鸟做新家。
4. 学习手语,与聋哑小朋友交流,帮助他们。
5. 开展植树种花等绿化活动。
6. 整理自己的旧玩具、图书,开展义卖活动,所得款项捐献给有需要的人。

…… ……

### 温馨提示

1. 选择自己力所能及的活动,并注意安全。
2. 可以带动爸爸妈妈和身边的小伙伴一起参与到义工活动中来,体验奉献的快乐。
3. 学习新知识、新本领,可以为他人提供更多帮助。